环球
100

特色
博物馆

探险之旅编委会　编著

北京出版集团
北京出版社

图书在版编目（CIP）数据

特色博物馆 / 探险之旅编委会编著. — 北京 ： 北京出版社，2020.8
（环球100）
ISBN 978-7-200-15623-2

Ⅰ. ①特… Ⅱ. ①探… Ⅲ. ①博物馆 — 介绍 — 世界
Ⅳ. ①G269.1

中国版本图书馆CIP数据核字(2020)第101443号

环球100
特色博物馆
TESE BOWUGUAN

探险之旅编委会　编著

*

北 京 出 版 集 团
北 京 出 版 社 出版

（北京北三环中路6号）
邮政编码：100120

网　　　址：www.bph.com.cn
北 京 出 版 集 团 总 发 行
新 华 书 店 经 销
北京瑞禾彩色印刷有限公司印刷

*

710毫米×1000毫米　16开本　16印张　360千字
2020年8月第1版　2020年8月第1次印刷
ISBN 978-7-200-15623-2

定价：52.80元

如有印装质量问题，由本社负责调换
质量监督电话：010-58572393

　　"博物"二字最早出现在我国先秦古籍《山海经》里，意思是能辨识多种事物，至于将"博物"和"馆"字组成"博物馆"一词作为文化教育机构的称呼，则是近代中国的事情。在西方，"博物馆"即"museum"，来源于拉丁文"meusion"，原意是供奉希腊女神的场所，后来演化成收藏机构的专称。真正意义上的现代博物馆是在17世纪后期出现的。虽然东西方的博物馆发展史并不同步，但到了近现代，东西方博物馆的内涵和功能已然趋同，就如1974年国际博物馆协会第十一届大会通过的明确规定的章程一样："博物馆是一个不追求营利的、为社会和社会发展服务的、向公众开放的永久性机构，以研究、教育和欣赏为目的，对人类和人类环境的见证物进行搜集、保存、研究、传播和展览。"

　　在中国，博物馆大致分成3类：专门性博物馆、纪念性博物馆和综合性博物馆。上海八音盒珍品陈列馆、中国北极阁气象博物馆、南京云锦博物馆、中国茶叶博物馆等，属于专门性的博物馆；南京大屠杀纪念馆、井冈山革命博物馆等属于纪念性博物馆；中国国家博物馆、陕西历史博物馆、北京故宫博物院等则属于大名鼎鼎的综合性博物馆。在西方，博物馆的分类与中国略有不同，主要分为历史博物馆、艺术博物馆、科学博物馆和特殊博物馆等4种类型。历史博物馆如德国历史博物馆、俄罗斯国家历史博物馆等；艺术博物馆如美国大都会艺术博物馆、泰特美术馆、特列恰科夫美术博物馆等；科学博物馆如德国森根堡自然博物馆、美国自然博物馆、英国自然史博物馆等；特殊博物馆如印第安纳波利斯儿童博物馆等。不同的博物馆承载着不同的使命和责任，但其学习、教育和娱乐的功能却是一致的。随着时代的发展，人们对知识的追求和渴望越来越强，博物馆的数量会越来越多，走进博物馆的人数也将会不断增加，这就是时代进步、社会发展的真实体现。

目录 CONTENTS

第一章
中华文明的灵魂

第二章
大不列颠的瑰宝

第三章

法兰西的荣光

第四章

德意志的骄傲

第五章
美利坚的灿烂星光

第六章
俄罗斯的杰作

第七章
意大利的遗产

第八章
日本的珍贵记忆

第九章
其他国家的古老故事

中华文明的灵魂

五千年灿烂文明，从古至今，从南到北，一书一画，一砖一瓦，不论是宏伟建筑还是一片茶叶，不管是古典科技还是指间云锦，都是中华民族智慧的结晶、中华儿女的骄傲。虽然我们没有一一参与，但幸运的是，我们可以借助博物馆，在与文物的近距离接触中触及文明的脉搏，感受文明的温度，传递文明的声音。

001

中国国家博物馆

续民族血脉，扬民族精神

 关键词：中华文化、祖庙、华美殿堂
国别：中国

位置：北京市东城区东长安街16号天安门广场东侧
官网：www.chnmuseum.cn

北京天安门广场的东侧，"中华文化的祠堂与祖庙"——中国国家博物馆（以下简称"国博"）矗立于此。这是一座囊括5 000年中华文明，历史与艺术并重的华美殿堂，现有藏品140多万件。

国博成立于1912年，至今已走过百余年的光辉历程。今天的国博已经是世界上单体建筑面积最大的博物馆，总建筑面积近20万平方米，总用地面积约7万平方米，建筑高达42.5米，地下2层，地上5层，分48个展厅，是一座集收藏、展览、研究、考古、公共教育和文化交流于一体的综合性博物馆，也是世界最受游客欢迎的博物馆之一。

国博的展览包括基本陈列、专题展览、临时展览，基本陈列有"古代中国""复兴之路"和"复兴之路新时代部分"，专题展览有"友好往来，历史见证——党和国家领导人外交活动受赠礼品展""中国古代青铜器艺术""中国古代佛造像""馆藏非洲雕刻艺术""中国古代书画""宋代石刻艺术"等。

"古代中国"是国博的标志性展览，按中国通史的叙事方式，以王朝更替为脉络，将古代中国分为远古时期、夏商周时期、春秋战国时期、秦汉

🔸 博物馆展出的精美金酒壶

时期、三国两晋南北朝时期、隋唐五代时期、辽宋夏金元时期、明清时期8个部分。此陈列共有展品2 520件，其中文物藏品2 026件，一级藏品即人们通常所说的国宝级藏品521件，分10个展厅共1.7万平方米的场地展出，全面展现古代中国数千年历史的风云迭起以及在政治经济文化上的辉煌成就和对世界文明的伟大贡献。"古代中国"有很多为世人熟知却难见真容的藏品，比如新石器时代仰韶文化的代表——人面鱼纹彩陶盆，是仰韶彩陶工艺的杰出代表。仰韶文化的卓越代表还有鹳鱼石斧图彩绘陶缸和陶鹰鼎，前者上面的鹳鱼石斧图是中国迄今为止发现最早、面积最大的一幅陶画，价值不可估量；后者则是中国史前雕塑的杰出代表，它们都是中华人民共和国禁止出境展览的文物，都是国宝中的国宝。与仰韶文化差不多同一时期的还有辽宁、内蒙古一带的红山文化，国博收藏的红山文化的代表"中华第一龙"——玉龙，制作工艺达到了极高的水平，其刻画之传神、线条之优美，让人惊叹史前先民高超的审美水平。夏商周时期的代表文物中，最声名赫赫的莫过于四羊方尊和后母戊鼎，二者皆是青铜时代最负盛名的青铜器代表作。四羊方尊是现存商代青铜方尊中最大的一件，集线雕、圆雕、浮雕于一体，将平面图案和立体雕塑相结合，展示了商代青铜锻铸的最高水平。至于其他时期的国宝级文物，如春秋战国时期的青铜冰鉴、秦汉兵马俑、东汉击鼓说唱俑、唐代昭陵六骏、唐三彩女坐俑、古代计时器铜壶滴

中国国家博物馆的室内景观

漏、明成化斗彩花蝶纹罐、明神宗孝靖太后九龙九凤冠、清代"皇帝之宝"玉印、清代霁青釉金彩海晏河清尊……都是参观国博时不容错过的"神品"。这些最珍贵和顶级的文物，恐怕只有在国博才有机会一睹真容。

　　基本陈列中的"复兴之路"由"中国沦为半殖民地半封建社会""探求救亡图存的道路""中国共产党肩负起民族独立人民解放历史重任""建设社会主义新中国"4个部分组成，揭示了近代中国百余年来风云激荡的历史，展现了中华民族在劫难中奋起、探寻救国救民道路的艰辛和希望，最后迎来民族新生的铿锵岁月，充分展示了中华民族团结、积极进取、爱好和平、自强不息的民族精神，是一部波澜壮阔的恢宏史诗。

　　"5 000年中华文明传承展示的殿堂，100年中国社会更代迭变的脉案"，这是国博的基本职能。一踏进国博的大门，便如同穿越时空，在数千年的时光隧道里徜徉，在文明的海洋里畅游。能走在国博的华美殿堂里，这应该算是人生的一大幸事吧！更何况，国博能给予你的，又何止于此？

温馨提示

❶ 开放时间为 9:00-17:00，15:30 停止售票，16:00 停止入馆，16:30 清场，
　　17:00 闭馆；周一闭馆（含国家法定节假日）。

❷ 参观国博前务必登录官网，详细阅读"参观须知"。

故宫博物院

来自紫禁城的呼唤

关键词：宫殿建筑群、文化的 圣殿、民族的精髓

国别：中国

位置：北京市东城区景山前街4号

官网：www.dpm.org.cn

🔹 宏伟壮观的故宫博物院

　　北京故宫，旧称紫禁城，是世界上现存规模最大、保存最完整的木结构宫殿建筑群。位于明清两代皇宫旧址内的故宫博物院，是中国最大的古代文化艺术博物馆，其珍贵馆藏包括古书画、古器物、宫廷文物和各种书籍档案等约180万件，是举世无双的珍贵文化遗产，更是中华民族的骄傲。

　　故宫博物院成立于1925年，1961年经国务院批准，被定为全国重点文物保护单位，1987年被联合国教科文组织列为世界文化遗产，是国家5A级旅游景区，是世界博物馆发展史上一颗举世瞩目的璀璨明珠。

第一章 中华文明的灵魂

🔴 故宫博物院太和殿游客摩肩接踵

　　参观故宫博物院，首先会被占地面积78万平方米的宫阙所震撼。自南向北，从午门出发，沿着中轴线，直至北面的神武门，约有1 000米之长，其中的庞大宫殿建筑群，可谓凤阁龙楼连霄汉，其宫殿之高低错落，色彩之华贵绚烂，宫禁之森严威赫，让人眼花缭乱、心生敬畏，更让人流连忘返。故宫博物院现已开放的宫殿区有12个，其中有城池区，包括午门和神武门；有前三殿区，包括内金水桥、太和门、太和殿、中和殿、保和殿、体仁阁、弘义阁、熙和门、协和门、昭德门、贞度门，共一桥两阁三殿五门；有后三宫区，包括乾清门、乾清宫、交泰殿、坤宁宫、景运门、隆宗门、日精门、月华门、坤宁门等；有东六宫区，包括景阳宫、钟粹宫、永和宫、延禧宫、承乾宫、景仁宫等；有西六宫区，包括永寿宫、太极殿、翊坤宫、长春宫、体和殿、体元殿、储秀宫、丽景轩、咸福宫、同道堂等；还有养心殿区、文华殿区、武英殿区、斋宫区、奉先殿区、御花园区、宁寿宫区等。从高大巍峨、体现无上皇权的三大殿到奢华瑰丽的宫苑、精巧绝伦的苑囿，从庄严壮丽的内金水桥到鬼斧神工的九龙壁，前朝后宫，琐窗朱户，重楼深井，雕梁画栋，让人目眩神迷，不知身处何处，不知今夕何夕。

　　但华丽奇瑰的建筑乐章并不是故宫博物院的全部，这里的魅力主要来自其浩如烟海的珍藏文物。走过90余载的故宫博物院，不但完好地保存了紫禁城原有的珍藏，还通过国家调拨、向社会征集、接受私人捐赠等方式，汇集了大量的珍贵文物，并逐步向世人揭开其神秘的面纱。故宫博物院现常设展馆有陶瓷馆、书画馆、珍宝馆、钟表馆、戏曲馆、青铜器馆、家具馆、雕塑馆等；原状陈列有太和殿、中和殿、保和殿、乾清宫、寿康宫、交泰殿、坤宁宫、养心殿、储秀宫、咸若馆、皇极殿，让游客在欣赏建筑之美的同时尽情享受古代文化艺术带给人们的赏心悦目。故宫博物院堪称中国古代最大的艺术宝库，收藏有陶瓷类文物约35万件。在陶瓷馆，可以欣赏到红陶、彩陶、灰陶、黑陶等陶器，更可以与白瓷、青瓷、五彩瓷、青花瓷、珐琅彩等藏品亲密接触。不管是民窑的还是官窑的，皆以精美著称，从青釉仰覆莲花尊、青釉八棱瓶、定窑白釉孩儿枕到元青花釉里红镂雕盖罐、明代斗彩鸡缸杯等，展现了中华民族陶瓷工艺的源远流长、卓绝伟大。书画馆收藏的古代书画丰富绝伦，既有稀世孤本，也有各朝各代的名家名作，其美轮美奂、博大精深，让人叹为观止。在珍宝馆，可以欣赏到礼制文物、佛教文物到帝后饰品、赏玩珍品、日用器具、陈设器物，或大气、端庄、典雅、或瑰丽、华贵、考究，均代表了当时制造工艺的最高水平，是民族的无上瑰宝。至于其他常设展馆和原状陈列，其妙处难以用语言表达，只有亲身走进博物院，亲身走近各种文物珍藏，才能体会到其闪耀着熠熠光辉的民族骄傲和民族精神。

● 精美的清代金杯

故宫博物院，一座绝无仅有的中华传统文化的圣殿，一段专属于中华民族的伟大传奇，走进它，就是走进了民族的精髓、文化的瀚海。

003

观复博物馆

穿越古今，与历史对话

靠近历史，透过先人厚重的智慧，感受文化的亲和力。

关键词：私立、马未都、亲近历史

国别：中国

位置：北京市朝阳区大山子张万坟金南路18号

官网：www.guanfumuseum.org.cn

北京观复博物馆是中国首家私立博物馆，于1996年10月获政府批准成立，1997年1月向公众开放，其创办人和现任馆长是著名的文物收藏家、古董鉴赏家马未都先生。

博物馆名"观复"二字源于老子《道德经》第十六章之"致虚极，守静笃。万物并作，吾以观复"，以"观复"为馆名，恐怕就是马未都先生希望观者能在与文物的近距离接触中，静下心来，一遍一遍地观看、反复琢磨、深入研究和欣赏之意吧。唯有将心寄托于文物之上，才能透过文物的纹路和肌理，领略先人的智慧和文化的厚重，从而传递文化的亲和力。

北京观复博物馆现设有陶瓷馆、家具馆、油画馆、工艺馆、门窗馆等，展区面积约5 000平方米，展品包括陶瓷、家具、玉器文玩等逾千件。馆内藏品精美，布展专业，环境典雅，确实是一个亲近历史文化的好去处。

陶瓷馆目前有中国古代官窑和民窑陶瓷150多件，且多汝窑、钧窑、官窑、哥窑和定窑5大名窑名品，贯穿了宋代至清代的1 000多年历史，其艺术价值和历史文化价值不同凡响。比如宋代定窑酱釉描金渣斗、南宋官窑水丞、宋代哥窑花插、宋代吉州窑缠枝卷草开光海浪纹梅瓶、宋代磁州窑唐草纹梅瓶和清代乾隆御窑荷花纹

◉ 博物馆内展品一角

瓷器等，美不胜收。其中，宋代磁州窑唐草纹梅瓶，构图洗练，唐草图案柔曼舒展；白底黑花瓷器以黑白两色对撞，显得粗犷、雄健，给观者以强烈的视觉冲击，让人过目难忘。

　　家具馆展区面积约700平方米，有红木家具展厅、黄花梨家具展厅、紫檀木家具展厅和鸡翅木家具展厅等6个展厅，陈列了明清家具约200件，这些贵重家具以场景再现的方式陈设，借明清家具的典雅华贵和陈设的别具一格营造出浓厚的文化氛围，让观者如进入时空的隧道，感受与现代生活截然不同的文化气息。在一众价值连城的明清家具中，有紫檀画桌、锦地拼面画桌、紫檀大宝座、百宝嵌罗汉床、明代黄花梨交椅、黄花梨框款彩芯围屏等，据说都是马未都先生的"挚爱"，都是工艺精湛、文化内涵丰厚、富有历史渊源的古典文化精品。在这些精品中，紫檀画桌是目前紫檀桌中最宽的，不仅是达官贵人和巨贾豪商的心头好，是财富的象征，更是风雅的依托。还有锦地拼面画桌，据马先生的介绍，该画桌是流出故宫的唯一一件锦地拼面画桌，其价值不言而喻。

　　油画馆展示现代画家的作品，工艺馆则展出古代工艺品约100件，如景泰蓝、珐琅器、漆器、铜器等。在琳琅满目的器具里，马先生最看重景泰蓝火龙纹壶和香音斋"张炉"，特别是景泰蓝火龙纹壶。景泰蓝是工艺美术世界里一颗璀璨夺目的明珠，造型优美，色彩鲜艳，图案华贵，美不胜收；景泰蓝火龙纹壶除具备景泰蓝工艺的姿彩外，还是

🔴 博物馆一角

藏区贵族或高僧专用的器皿，是明清时期册封藏区政要和宗教领袖的重要器物，其价值可想而知。此外，门窗馆主要展出江南地区的门窗，也有少数北方制品，但都精雅且极具代表性。

北京观复博物馆虽规模不大，但关乎一个人的半生心血、一个民族的历史沧桑和古人千百年的智慧。如果在一个午后去往观复博物馆，用文物的光泽填充半日浮生，定然是难得的享受。

温馨提示

❶ 开放时间为周一 9:00-16:00，15:00 停止售票（如果周一是节假日，则 16:00 停止售票，17:00 闭馆）；周二至周日 9:00-17:00，16:00 停止售票（除夕、初一、初二、初三闭馆）。

❷ 30 人以上团队及国家法定节假日参观请提前一天预约。

❸ 票价为 100 元 / 人，学生、老人半价，身高 1.3 米以下儿童及 80 周岁以上老人免票。

台北"故宫博物院"

承继数千年中华文化之瑰宝

 关键词：稀世珍宝、民族瑰宝　　　**位置：**台北市士林区至善路二段221号
国别：中国　　　　　　　　　　　　**官网：**www.npm.gov.tw

台北"故宫博物院"大门口，孙中山先生的题字很醒目

有人说："北京故宫看建筑，台北'故宫'看文物。"台北"故宫博物院"，是中国一座著名的历史与文化艺术史博物馆。

台北"故宫博物院"是一座平面呈梅花状，白色台阶、黄色宫墙、蓝色琉璃瓦的仿北京故宫的建筑。这座恢宏大气的宫殿式建筑四周绿树环绕，气象端雅厚重，文气汇聚，收藏有70多万件稀世珍品。

台北"故宫博物院"始建于1962年，1965年落成，建筑共4层，馆藏从宋代至清代历

代皇帝推崇的珍稀文物，而这些稀世珍宝大多来自北京故宫博物院。抗日战争期间，北京故宫博物院内的部分文物向南搬迁，先后在上海、南京落脚，后又向西南大后方转移，可谓在连天烽火中历经颠沛流离。抗日战争胜利后，文物运回南京。随着国民党发动了内战，文物又辗转到了台湾，从此就在宝岛台湾安家落户，渐渐洗尽乱世烟尘。

台北"故宫博物院"的珍藏文物有商周青铜器、殷商甲骨文、历代瓷器、书画、玉器、珐琅器、文具、丝绣、漆器、雕刻、图书、档案文献、钱币、法器、服饰、鼻烟壶等，类别繁杂，数量庞大。其中，甲骨档案有2万多片，收藏数量列世界甲骨收藏机构的第二位，仅次于中国国家图书馆；陶瓷器也有2万多件；此外，还有铜器1万多件，历代书画近1万件，善本图书20万册和明清时期档案文献近40万件，其馆藏之丰，价值之高，让世人瞩目。由于博物院文物数量庞大，展馆空间有限，每次只展出展品大约3 000件，如果要将所有馆藏文物全部展览完毕，据说需要近30年的时间。

在琳琅满目的民族瑰宝中，许许多多的国宝给世人留下了深刻的印象。西周青铜器中的毛公鼎，是典型的"国之重器"，鼎身有铭文约500字，是目前出土的青铜器中篆刻铭文最多的器物，给史学研究提供了最为宝贵的第一手资料。陶瓷中不管是北宋时期的汝窑莲花式温碗，还是明宣德年间的宝石红僧帽，又或者是清康熙年间的五彩龙凤大盘，都是让人惊艳的传世珍宝。还有书法作品，如王羲之的《快雪时晴帖》（唐代摹本）、怀素的《自叙帖》、颜真卿的《刘中使帖》，俱是书法发展史上的丰碑。绘画则有郭熙的《早春图》、黄公望的《富春山居图》，闻名遐迩。此外，"翠玉白菜"

台北"故宫博物院"夜景，一派辉煌

● 馆内展品

也是博物院精品中的极品。"翠玉白菜"原是光绪皇帝的妃子瑾妃的陪嫁,采用一半灰白一半翠绿的玉石雕成,工匠将玉石的翠绿部分雕成菜叶,菜叶反卷,脉络清晰,菜叶上甚至还有两只虫子;工匠将灰白部分雕成菜帮,栩栩如生,几乎可以假乱真。白菜暗喻家世清白,菜叶上的虫子意味着子嗣绵长,是吉利的象征。博物院中的微雕藏品也十分耐人寻味,如枣核舟,不过就是一个四五厘米长的果核,但上面却雕刻了一座楼船,船上有表情鲜明的大小人物共8个,楼船的窗户还可以打开。这工艺,说鬼斧神工,一点也不为过。

其实,台北"故宫博物院"的"超级宝贝"们是很难用语言来形容其精妙和价值的,那蕴藏在文物背后的点点滴滴,都是历朝历代的历史、文化和艺术的精髓,是脉络清晰的时代叙事,是精品中的极品,是国之瑰宝,是民族的精魂。唯有走近它们,亲近它们,心存敬畏,细细聆听文物的声音,才能了悟中华文化的博大精深和源远流长。

温馨提示

❶ 开放时间为周一至周日 8:30-18:30。夜间开放时间为周五、周六 18:30-21:00。

❷ 票价为新台币 350 元 / 人,优惠票参看官网;每年 1 月 1 日、元宵节、5 月 18 日、9 月 27 日、10 月 10 日、10 月 17 日免费开放。

005

上海博物馆

文物界的"半壁江山"

藏在大都市里的古代艺术风采，从不曾被光怪陆离的霓虹灯所掩盖，因为总有人会孜孜不倦地寻求那些属于人类精神深处最渴求的养分。

关键词：艺术盛宴、重器　　　**位置**：上海市黄浦区人民大道 201 号
国别：中国　　　　　　　　　　**官网**：www.shanghaimuseum.net

　　上海是一座具有悠久历史的神奇城市，从春秋战国时期开始，它就是楚国春申君黄歇的封地，所以"申"字在 2 000多年后作为上海的别称，一点儿也不显得突兀。作为中国著名的历史文化名城和远东地区的超级大城市，自有与其经济地位相匹配的文化配套

○ 上海博物馆室内结构，大气迷人

🔥 上海博物馆外景

设施，例如上海博物馆。

　　上海博物馆始建于1952年，馆址数次变迁，博物馆的规模也在不断扩大，现今的上海博物馆是1996年10月建成开放的，位于上海市的黄金地段——人民广场，是一座方体基座托着圆顶、形状如青铜鼎的建筑。这座传递"天圆地方"哲学思想和浸润了丰厚古典文化的建筑物将中华文明的源远流长和强烈的时代精神巧妙融合，赋予超级大都市的文化名片以浓烈的亮色。上海博物馆的总建筑面积约4万平方米，建筑高度近30米，陈列面积约1.2万平方米，馆内有珍贵文物14万余件，设有古代青铜馆、古代雕塑馆、古代陶瓷馆、历代书法馆、历代玺印馆、历代绘画馆、民族工艺馆、历代钱币馆、明清家居馆、古代玉器馆等专题展馆。在上海博物馆这些让人眼花缭乱的珍贵文物中，青铜器、陶瓷器、绘画和书法最具特色。其中，在古代青铜馆陈列有青铜器约400件，其数量之繁多、工艺之精湛闻名文物界，人称上海博物馆为文物界的"半壁江山"。古代陶瓷馆中陈列了500余件陶瓷器，从新石器时代到清代，从原始社会的彩陶、灰陶到商代的原始瓷器，从东汉的青瓷到唐代的唐三彩，从宋代"瓷都"景德镇到各地窑口出产的各式瓷器，从元代的青花瓷到明代的五彩瓷再到清代的粉瓷、珐琅彩等，如一幅陶瓷器发展的历史画卷，脉络清晰地在观者面前徐徐展开，让人大开眼界。历代绘画馆集中了从唐代到近代的典型画作120多幅，除了文人画、花鸟画、风俗画，还有写意画、工笔画，绘画风格多样，种类齐全，俨然一部中国绘画的发展史。而在历代书法馆中陈列着历史上不同时期的书法精品，是书法爱好者的艺术盛宴。

在上海博物馆内，共有一级文物约700件，均是文物中的"重器"。青铜器中的西周大克鼎，是国家首批禁止出境的文物，大克鼎上刻有铭文290字，是研究西周政治制度的第一手资料，价值不可估量；国宝级的青铜器还有乐器晋侯苏钟和盥洗用具子仲姜盘，均是海内孤品，尤其是子仲姜盘，作为春秋早期的青铜器，其铸造工艺已经达到极高的水平。该盘最大的特点是盘内装饰有立体的鱼、蛙、鸟等小动物，最让人拍案叫绝的是，这些平均只有6厘米多长的小动物居然可以原地转动360度，实在是鬼斧神工之作。至于其史学价值，就更无须赘言了。上海博物馆收藏的绘画作品《高逸图》作为唐代著名画家孙位存世的唯一真迹，是该馆的第一名作，其最精妙的地方是用精湛的绘画技巧描绘了魏晋时期特立独行的士大夫的风骨和精神气质，但是这件展品似乎从未展出过。至于书法，王羲之的《上虞帖》（唐代摹本）、王献之的《鸭头丸帖》、怀素的《苦笋帖》等传世名作，都是极其珍贵的。陶瓷器中的宝贝自然得说说雍正粉彩福寿橄榄瓶，它曾创造了清代瓷器拍卖的第一高价；还有唐代"南青北白"中"南青"的代表作——越窑青釉海棠式碗，该碗釉色均匀，青中带黄，温润如玉，是供帝王专用的贡瓷，也是越窑青瓷中的佼佼者。

参观上海博物馆，就算不能一览一些国宝的真面目，但从木雕到民族工艺品，从青铜器到玉器，从陶瓷器到漆器，从钱币到印玺，从书法到绘画等文物，是绝不会让人失望的。进行一次上海博物馆参观之旅，享受一场文化艺术的盛宴，何乐而不为？

温馨提示

❶ 开放时间为9:00-17:00，16:00后停止入场。

❷ 全年免费开放，但须遵守参观秩序，做文明游客。

❸ 每日参观人数控制在8 000人以内。

❹ 70岁以上老人、离退休干部、现役军人、革命烈士家属、残疾人士等，可优先入馆。

上海八音盒珍品陈列馆

来自音乐盒世界的机巧

关键词：欧洲、山田晴美、八音盒

国别：中国

位置：上海市浦东新区丁香路425号上海东方艺术中心2区4楼221号

官网：www.reuge.com.cn

🔴 馆内陈列的古老留声机

上海有一家东方乐器博物馆，藏在20世纪上海最显赫的实业家荣德生的旧宅邸里，悠悠吹着数千年的民族风；而在浦东新区的上海东方艺术中心，则有一家来自西洋的八音盒珍品陈列馆，与东方乐器博物馆一西一东，在上海滩上奏响东西交融的乐章，也算是暗合了上海自近代以来作为中国东西方文化交融中心的地位和身份。

上海八音盒珍品陈列馆是中国目前唯一一家展示欧洲八音盒艺术及其发展历史的专题型博物馆。该馆占地面积约400平方米，有展品200余件，展示了以古董八音盒和西洋自动人偶为主的各类八音盒。

八音盒就是音乐盒，是一种小型的、靠发条带动演奏简单乐曲的发音装置，音域不宽，一般就8个音阶。富于音乐表现力的八音盒音质透亮清澈悠扬，能给人带来美妙的感受，是音乐工艺中的贵族。

上海八音盒珍品陈列馆的展品原是日本著名的八音盒收藏家山田晴美精心收藏的宝贝，山田女士将200多件八音盒永久保存在上海东方艺术中心的上海八音盒珍品陈列馆，目的就是为了让更多爱好八音盒的人能更深入地领略八音盒的魅力。馆内展品可分为古董

八音盒珍品陈列馆外景

八音盒和西洋自动人偶两部分。古董八音盒以源于钟表原理的圆筒形八音盒与圆片形八音盒为主要展示内容，同时包括街头手摇风琴、歌鸟等发声机械。其中最具代表性的是圆筒形八音盒，其工艺于19世纪中期至20世纪初期在瑞士发展至巅峰，该馆陈列的正是当时的一系列代表作。后者展示了西方自动人偶鼎盛时期（1865—1905）的大量优秀作品以及近现代人偶制作大师的传世杰作。在该馆所有的陈列珍品中，瑞士人安托·法布尔在1796年发明的第一台八音盒也在其中，是该馆的镇馆之宝，当然，它也是山田女士的宝贝。馆内的八音盒个个造型华丽，制作技艺极其精湛，是机械音乐盒发展史上不可或缺的一部分。

大多数人对八音盒并不太熟悉，不过，陈列馆内有专职的讲解员，可以为参观者一一介绍展品，并进行现场演示，让参观者恍若置身于风情别样的欧洲，在梦幻般的氛围和优美的乐声中了解八音盒的精巧工艺和悠久历史。在纷纷扰扰的红尘俗世，在人称"魔都"的上海，这也算是一个奇异的音乐世界了。如果在一个炎热或是寒冷的午后，沉醉于八音盒制造的情趣里，让历史和艺术抚慰焦躁不安的灵魂，这算不算是一个合理的"偷懒"借口呢？

温馨提示

❶ 票价为50元，可网上预订，现场取票。

❷ 70岁以上老人持老年证购票价格为30元；军官、教师、残疾人士凭有效证件购票价格为30元。

❸ 讲解员讲解不另外收费。

杨柳青博物馆

藏于"华北第一宅"的文化遗存

天津古镇杨柳青的石家大院，是一曲华丽厚重的乐章，一本时光雕刻的石头书，它所承载的更是民族的精深艺术。

关键词：华北、石家大院、杨柳青年画	国别：中国
	位置：天津市西青区杨柳青估衣街47号
	官网：无

⚬ 杨柳青石家大院

说起杨柳青年画，可以说是如雷贯耳，它的全称是"杨柳青木版年画"。杨柳青年画产生于明代崇祯年间，是中国著名的民间木刻版画，曾与苏州桃花坞并称为"南桃北青"，其色彩鲜明艳丽、画面活泼生动、题材喜闻乐见，在民间广有群众基础。2006年5月20日，杨柳青年画经国务院批准列入第一批国家级非物质文化遗产名录。如果要追溯杨柳青年画的历史，如果渴望与杨柳青年画亲近，不妨走进天津杨柳青博物馆，去感受杨柳青年画经久不衰的魅力。当然，天津杨柳青博物馆所拥有的不止年画，在号称"华北第一宅"的石家大院，一砖一瓦，一木一石，都极尽精巧，是难得的艺术精品，杨柳青博物馆就"盘踞"在这"华北第一宅"之内，占尽了历史文化实体遗存的风光，以精彩的民俗展览和精美的建筑塑造属于天津杨柳青的独特魅力。

天津杨柳青博物馆所在的石家大院，原是津门八大家之一的石家私宅，石家财力雄厚，家有良田万亩，宅邸占地面积7 200多平方米，有院落十五进，院中有院，院院相通，是名副其实的大型宅邸，且宅邸富丽堂皇、极其华美，因而世人送给石家大院以"华北第一宅"的美称。后石家衰落，石家大院也历经时代变迁，最后变得满目疮痍。1987年天津市有关单位对石家大院进行修复，耗资不菲。1992年，石家大院被开辟为天津杨柳青博物馆并对外开放。2006年5月25日，石家大院作为清代古建筑被国务院批准列入第六批全国重点文物保护单位名单。

今天的杨柳青博物馆属于4A级景区，主要看点有甬道、垂花门、长廊、戏楼、天津民俗陈列馆等。陈列馆陈列的主要有杨柳青年画、砖雕、风筝、剪纸、婚俗、石府复原陈列等。石家大院的甬道富有中国民间传统文化的吉祥寓意，长100多米，借着石家大院南低北高的建筑地势，贯穿数座如意式门楼，每个门楼下都有3级台阶，如此从南向北走，

◉ 杨柳青年画张作坊

寓意"步步高升，连升三级"，暗合中国人的文化心理和价值取向。石家大院的垂花门有3座，每一座垂花门的装点寓意深厚：第1座垂花门呈现荷花的第一个花期，寓意"含苞待放"，垂花门上方的天窗格雕刻四季花鸟，寓意"四季平安"；第2座垂花门呈荷花半开状，美其名曰"花蕊吐絮"；第3座垂花门是仪门，荷花开尽，并结满莲子，垂花门上还刻有葫芦图案，与莲子一起暗喻石家"子孙满门，福寿绵长"。当有贵客来临，仪门大开，迎接贵客。大院的长廊约有800米长，讲述的是石家兴盛衰落的历史，恰如一部近代中国的兴衰更替人世变迁史；至于石家大院的戏楼，则是北方民宅中现存最大的民宅戏楼。这座戏楼的建筑风格兼具南北特色，石雕、木雕等装饰之精美则居华北地区之首。当年民国时期的许多京剧大家如孙菊仙、余叔岩、裘桂仙等均在此唱过堂会。博物馆内的杨柳青年画陈列馆收藏了大量驰名中外的杨柳青木版年画的杰作，其中

🔴 杨柳青木版年画

不乏名师佳作。与杨柳青木版年画并称"天津四大民间艺术"的还有泥人张彩塑、魏记风筝和刻砖刘，都是民间艺术的精髓，其中刻砖即雕砖，一块块都是名副其实的艺术品。

　　走进石家大院，走进杨柳青博物馆，回忆一段凝固的历史，感受时代的跌宕起伏，感悟近代中国的风云变幻，贴近天津民俗的脉搏，聆听民间艺术的声音，也算是没有辜负行走的初衷了吧！

温馨提示

❶ 票价为 25 元。
❷ 开放时间为 8:30~18:00，15:30 停止售票。

陕西历史博物馆

古都明珠，华夏宝库

大汉的雄风，盛唐的气象，滋润着源远流长的中华文明。

关键词：艺术殿堂、华夏宝库、开放与包容　　**位置**：陕西省西安市雁塔区小寨东路91号

国别：中国　　**官网**：www.sxhm.com

作为世界四大文明古都之一的西安，吞吐着中华大地上百万年文化的气息。虽然时光荏苒，世人无法触碰当年帝都的激荡风云，但陕西历史博物馆珍藏了从原始社会到中英鸦片战争前西北大地的风云变幻、沧海桑田。

陕西历史博物馆位于西安雁塔区的西北侧，是西安旅行的必游之地。这座国家第一座大型现代化国家级博物馆始建于1983年，1991年对公众开放，馆区占地面积6.5万平方米，建筑面积5.56万平方米，展厅面积1.1万平方米，馆藏文物171万余件，是展示陕西文化和中国古代文明的艺术殿堂，它素以馆藏文物丰富、数量繁多、种类齐全、规格高、价值广而著称，尤以美轮美奂的商周青铜器、栩栩如生的陶俑、雍华瑰丽的汉唐金银器和绚烂多彩的唐代壁画惊艳世人，拥有"古都明珠，华夏宝库"的美誉。

参观博物馆，无论如何都不能错过欣赏馆区建筑的机会，那座极具唐代遗风的建筑以"中央殿堂，四隅崇楼"的雄浑宏伟、端庄大气示人，其建筑主次分明、高低有致，让人惊叹中国建筑的文化内涵和传统建筑美学的深厚。

博物馆的常设展览分3个展厅7个单元，分别展示陕西文明的孕育、产生、发展和对中华文明的贡献。第一展

🔶 博物馆的藏品战国时期的金质怪兽

厅有"文明摇篮""赫赫宗周""东方帝国"3个单元，展示了从遥远的蓝田人、半坡聚落等时期的文明萌动和曙光到大秦帝国威震东方的历史画卷；从各式各样的陶器等先民遗存、周代精美绝伦的青铜器到气吞河山的秦兵马俑文物；从历史的实质遗存到文物展现的时代特征、精神面貌，或粗犷，或精致，或磅礴；从一粥一饭等经济活动到军事、制度，无不撼动人心。

　　第二展厅有"大汉雄风"和"冲突融合"两个单元。"大汉雄风"展示汉代长安、汉家陵阙以及汉代典型文物，从政治、经济、文化等多角度向世人展现中国古代社会第一个繁荣时期的开拓进取、积极向上的时代风貌。"冲突融合"展示的则是西北地区的农耕文明与游牧文明的冲突与融合，凸显民族融合和佛教东传的史实，充分展现了中华文明的开放与包容。

　　第三展厅展出"盛唐气象"和"文脉绵长"。"盛唐气象"从不胜枚举的实物遗存如建筑材料、陶瓷器具、金银玉器、数量众多的钱币等，展示中国历史上最繁华时期的雍容华贵、磅礴大气和东西方商贸往来的畅通与繁盛，让人对大都市长安和丝绸之路心生无限向往。大唐之后，长安告别了帝都的历史，但作为西北重镇，陕西依旧在传承与创新中创造了属于自己的时代魅力。

　　博物馆的常设展览中精品荟萃，青铜器中的凤柱斝、它盉、马头刀、日己觥、孟簋、四足鬲、它盘、羊首勺、多友鼎、牛尊、五祀卫鼎、杜虎符、雁鱼铜灯等，浇注了时

代的心魂，是当之无愧的国之瑰宝。馆藏的陶瓷器具从仰韶文化的红陶尖底瓶、人面鱼纹盆等到汉代的陶井，唐代三彩男装女立俑、彩绘帷帽女骑俑、彩绘胡服女立俑等唐三彩，五代的秘色瓷、青釉提梁倒灌壶，宋代的黑釉油滴碗、耀州窑的青瓷，明代的斗彩饕餮纹鼎，一一勾勒着历史的变迁与中华民族的聪明才智和举世无双的陶瓷制作技艺。但博物馆中最吸引人的，恐怕要数金银器，鎏金双狮纹银碗、鎏金舞马衔杯纹银壶、掐丝团花纹银杯、鎏金双狐纹双桃形银盘、桃形忍冬纹镂空五足银熏、鎏金折枝花纹银盖碗、葡萄龙凤纹银碗、鎏金花鸟纹银碗、鎏金飞狮宝相花纹银盒、鎏金仕女狩猎纹八瓣银杯、鎏金双鱼纹银碗、孔雀纹银方盒、鎏金伎乐纹八棱银杯、鎏金鹦鹉纹提梁银壶、鎏金飞廉纹六曲银盘、鎏金熊纹六曲银盘、鎏金银节铜熏炉、鎏金铁心铜龙、金怪兽、赤金走龙、镶金兽首玛瑙杯等，其纹路之繁复瑰美、造型设计之精巧、锻造工艺之娴熟，体现了当年中华国力之强盛、手工业之发达。

博物馆除了免费参观的常设展览，还有收费的唐代壁画珍品展。该展览从唐代的礼仪习俗、服饰文化、娱乐方式、建筑风格等全方位展示了唐代生活的多姿多彩，尤其是对研究唐代的贵族生活，具有重要的价值。此外，博物馆还有一些专题展览，但这得靠运气才能一饱眼福。

参观陕西历史博物馆，用"累并快乐着"来形容是最合适不过的了。如果时间充裕，不妨慢慢看，细细欣赏。在参观期间犹如时空穿梭，从远古的蛮荒到盛世的文明，虽然身体很累，但内心的充实和震撼难以言表。

温馨提示

❶ 馆内可拍照，但禁止使用闪光灯。

❷ 建议租借讲解器。

❸ 免费参观，开放时间为淡季（11月15日至次年3月14日）9:00-17:30，旺季（3月15日至11月14日）8:30-18:00。周一全天闭馆检修（国家法定节假日除外）。

当"两岸猿声啼不住，轻舟已过万重山"遇见"更立西江石壁，截断巫山云雨，高峡出平湖"，三峡风光被永远定格在了诗人笔下。或许，"壮丽三峡"可以找回当年"两岸青山相对出，孤帆一片日边来"的无上胜景。

重庆中国三峡博物馆
风流三峡，瑰丽文化

 关键词：峥嵘岁月、壮丽三峡、巴山蜀水
国别：中国

位置：重庆市渝中区人民路236号
官网：www.3gmuseum.cn

⑥ 山城重庆夜景辉煌而美丽

　　学者、教育家谢觉哉说："重庆是一个美丽的山城。"但在过往诗人的笔下，山城春寒料峭，雾失楼台。欧阳修苦恨"春风疑不到天涯，二月山城未见花"。到了晚清，封疆大吏张之洞却作如是观："名城危踞层岩上，鹰瞵鹗视雄三巴。"今天的山城，是我国管辖面积最大的直辖市，是长江流域的重镇。关于山城的前世今生，世人无法穿越时空一探究竟，但可以通过重庆中国三峡博物馆的陈列逐一追溯。当然，三峡的过往，

🔴 三峡博物馆外景气势磅礴

西南的峥嵘岁月，也藏在博物馆的各种古人类标本、出土文物中，它们会用岁月的印迹述说属于巴蜀的历历往事。

重庆中国三峡博物馆位于重庆市渝中区，前身是1951年成立的西南博物馆，该馆在4年后更名为重庆博物馆；2000年为承担三峡文物保护工程的大量珍贵文物抢救、展示和研究工作，经国务院办公厅批准设立重庆中国三峡博物馆（重庆博物馆）。2005年6月18日博物馆新馆正式对外开放。新馆占地面积3万平方米，建筑面积约4.5万平方米，展厅面积2万余平方米。馆内常设展览有"壮丽三峡""远古巴渝""重庆·城市之路""抗战岁月""汉代雕塑艺术""历代瓷器""历代钱币""历代书画""高罗佩家族捐赠高罗佩私人收藏文物展"等，馆内还设有临时展览，每次举办临时展览，博物馆官网均有预告。

自古三峡"两岸连山，略无阙处。重岩叠嶂，隐天蔽日"。用"壮丽"二字形容三峡，再合适不过。馆内的常设展览"壮丽三峡"由"造化三峡""山水之间""三峡风流""永远的三峡"4个单元组成，分别介绍了长江和三峡的形成、三峡的气候和动植物、冶锌遗址、三峡民居、木刻、三峡的交通运输工具、三峡纤夫、三国故事、三峡英豪、三峡水文文化、道家文化、神秘的巫文化、三峡寻梦、三峡移民精神和三峡工程，以一系列文物、文字和绘画作品还原了三峡波澜壮阔、风雨激荡的历史。特别值得一看的是"壮丽三峡"的环幕电影厅，它是全国第一座全周数字无缝环幕电影厅，该厅同时拥有多项全国乃至世界第一，代表了环幕电影的最高水平。博物馆用的环幕电影最大限度地再现了神奇三峡的壮丽景色：险滩峭壁、江流湍急的瞿塘峡；幽深险峻、削壁临江的西陵峡；曲折绵延的秀美巫峡，给观者以极强的视觉冲击。

"远古巴渝"由"旧石器时代""新石器时代""青铜器时代"3部分组成，回顾了东亚最早的人类——巫山人。巴渝地区南北文化的碰撞，本地区的各类遗址以及原始工具和青铜器时代的政治、经济、民族、文化等发展状况，通过器物、标本、还原图画等方式一室陈列，让观者通览了巴山蜀水的百万年历史。"重庆·城市之路"以"城市变迁""山城漫步""工业崛起""英雄城市""直辖风采"等版块回顾了重庆市的旧日风采、政治风云、经济发展、英雄赞歌、山城的重新起航，铿锵岁月尽在其中，道不尽、说不完的历史，留给观者细细体味和评说。

至于"汉代雕塑艺术""历代瓷器""历代钱币""历代书画""高罗佩家族捐赠高罗佩私人收藏文物展"等陈列，都是巴渝或瑰丽，或悲壮，或风雅，或世俗的遗存。文物虽沉默不语，却会用最诚实的言语，告知观者巴渝的历史。

岁月无情，虽日月轮转、山海沉浮，但历史遗存会说话，走进重庆中国三峡博物馆，去聆听历史的声音吧。

温馨提示

❶ 免费开放，开放时间为 9:00—17:00，16:00 停止入馆。星期一闭馆（国家法定节假日除外）。

❷ 衣着不能过于随意，拍摄时务必关闭闪光灯。

❸ 免费参观范围包括"壮丽三峡""远古巴渝""重庆·城市之路""历代瓷器""历代钱币""汉代雕塑艺术""历代书画"等展览和"大三峡"环幕电影等，专题展及特展是否免费详见展览预告。

鼓浪屿钢琴博物馆

半世乡情，毕生琴缘

"钢琴之岛"鼓浪屿上有菽庄花园，花园里的鼓浪屿钢琴博物馆是凝固的眷眷乡情。

📍 **关键词**：鼓浪屿、胡友义、一生琴缘、眷眷乡情

国别：中国

位置：福建省厦门市思明区港仔后路7号菽庄花园内

官网：无

　　福建有一个小岛，是文艺青年向往的地方，那里有蓝天白云碧海浪涛，有琴声悠扬无车马喧嚣，空气里流淌的是慵懒。这就是被称作"钢琴之岛""音乐之乡"的鼓浪屿。如果非要说明缘由，那就是岛上拥有100多户音乐世家和500多架钢琴，以及国内唯一的钢琴博物馆。博物馆里展示了世界各国的古钢琴。

🔴 鼓浪屿钢琴博物馆外景美丽气派

🔴 博物馆内的钢琴展品

　　博物馆里展示的钢琴来自澳籍华人胡友义先生的捐赠。已故著名钢琴家胡友义先生在鼓浪屿出生,一生钟爱音乐事业,并将收藏钢琴视为生命的一部分。胡先生虽身处海外,但乡情浓烈,1998年,出于对故乡的热爱和对故乡文化事业的支持,胡先生决定将毕生收藏的古钢琴运回国内,安置在鼓浪屿。为了挚爱的古钢琴,胡先生曾倾尽家产,但他毅然决然以艺术回报故乡:"把珍藏的钢琴放在鼓浪屿,就像是把心爱的东西带回家里一样,总让人放心。"2000年1月,钢琴博物馆在鼓浪屿菽庄花园的"听涛轩"成立。博物馆展出了胡先生捐赠的70多架来自世界各地的古钢琴。2001年年底,胡先生再次给博物馆捐赠了40多架不同时代的世界名贵钢琴。因胡先生"一世琴缘,毕生乡情",才有了钢琴博物馆的诞生。

　　钢琴博物馆的古钢琴大多是孤品、绝品,也是名品、善品、极品。1811年产自英国的科勒德钢琴,是世界上最早成型的立式钢琴,是现代立式钢琴的前身。这架钢琴的琴板上绘有在中国已经绝迹但曾经出现在中国古代著名花鸟画家黄荃画纸上的红鸟。钢琴的侧面还镶嵌着厦门市的市鸟——白鹭。这架钢琴被胡先生深情地称为"思乡琴",可见胡先生对祖国的深深眷恋。 1824年制造于英国伦敦的布罗伍德钢琴是世界上最高的立式钢琴,有2米多高,生产了很少的数量便停产。1835年产自法国的奥舍牌钢琴,根据帆船的行驶需要进行设计以便在帆船上使用,特点是键盘可以收起,以节省使用空间,非常独特罕见。1849年生产于奥地利维也纳的博森多福钢琴,是第二次世界大战之前的产品,异常珍贵。博森多福钢琴品牌是著名音乐家李斯特最喜欢也使用最久的钢琴品牌。1862年

6 美丽的鼓浪屿，中国唯一的钢琴博物馆就坐落于此

英国伦敦生产的科尔门钢琴是一架三角钢琴，钢琴的框架上有模仿中国明朝宣德炉图案制作的花纹。1864年美国纽约制造的士坦威钢琴，是世界第一钢琴品牌，其制作工艺的80%由手工完成，一架钢琴的制作需要400个工匠花费9个月到一年的时间。威尔坦钢琴，产自澳大利亚的自动钢琴，是一种两用钢琴，会弹琴的可以用手弹奏，不会弹琴的可以用脚踩，自娱自乐最是适宜。1905年产自德国的松玛牌钢琴，历经百年仍然完好如初，这是一架名贵无比的钢琴，钢琴的价格等同于同一时期一个普通工人数十年的薪资。另外，博物馆里还有产自阿根廷的、号称世界上最小的钢琴……一馆之内，各种钢琴的风采，钢琴的发展历史，钢琴里浸润的胡友义先生的一生琴缘和乡情，均在悦耳的琴声中流淌，在鼓浪屿的涛声和着岁月的回响给观者留下难以磨灭的印象。

鼓浪屿钢琴博物馆，虽曲高但未必和寡，因为人类天生对音乐的热爱和沸腾在骨子里的家国情怀会驱使更多的游客慕名而来，而钢琴博物馆，当然也不会寂寞。

温馨提示

1 门票包含在菽庄花园30元的门票内，开放时间为8:15-17:45。

2 文明参观，不喧哗吵闹。

3 博物馆门口写明禁止拍照，参观时须自觉遵守。

千年的气象历史，历经人事变迁，北极阁
一一见证了曾经的日落星沉、风霜雨雪。

中国北极阁气象博物馆
泱泱中华的千年气象

 关键词：气象历史、竺可桢、奋斗史　　**位置**：江苏省南京市玄武区北极阁公园
　　国别：中国　　　　　　　　　　　　**官网**：无

博物馆内古老的地动仪

　　2010年3月，在南京市玄武区的北极阁山上，中国第一家以气象历史为特点的专业性博物馆在此安家落户。熟悉北极阁山历史的人不会认为博物馆的选址具有偶然性，因为北极阁山的气象历史，非常悠久。

🔴 秋色中的中国北极阁气象博物馆，犹如一幅美丽的油画

　　气象对于以农立国的封建政权而言至关重要，北极阁山便是明证。5世纪，魏晋南北朝时期的南朝刘宋政权曾在此山上建灵台候楼，以观测天候；立国之初定都南京的大明王朝也曾在北极阁山上设观象台（又名钦天台），兼观气象和天象；大清圣祖皇帝康熙曾登临此地，并御笔题词"旷观"二字；民国时期，当代地理学和气象学界的先驱竺可桢先生任南京大学地学系主任时，受命于民国中央政府，在北极阁山创建了中国历史上的第一个气象研究所，开始了中国现代气象观测、物候观测和天气预报业务以及气象科学的研究。中国近代气象事业就此起步，为中国气象事业的发展做出了卓越的贡献。中华人民共和国成立后，江苏省气象业务科技中心一直设置在北极阁山上。

　　北极阁气象博物馆分室外景观展区和室内展览两大单元，通过模型、实物、史料、图片等展览形式，展现从古到今中国气象科学的发展历史。室外景观展区的第一部分由鸾凤风向器、《相风赋》水景墙、测雨器组成。中国古代很早就开始了对风的观测，据记载，黄帝时期有测风器"相风玉鸠"；秦汉时期有"相风乌"；展区的鸾凤风向器则是以辽金时期的鸾凤风向器实物为参照用黑铁铸造的。有风吹来时，鸾凤会随风而动，并保持鸾头迎向来风方向，以此来测风向。幕墙上的《相风赋》是东汉经学大师郑玄所作，他称颂了发明相风乌的人以及时人对风的认识，具有一定史料价值。展区中的测雨器则是1770年所造的测雨器的仿制品，以证实清人制作测雨器的史实。室外景观展区的第二部分"雕塑气象"由6幅大型砂岩浮雕组成，"三皇五帝夏商周，归秦及汉三国休。晋终南北隋唐继，五代宋元明清收"，浮雕以时间为序，艺术化地展示了气象与社会发展的典型史话。室外景观展区的第三部分则是"气象历史人物雕塑"，西周的开国元勋姜尚、春秋的齐国丞相管仲、西汉的儒学大师董仲舒、东汉的思想家王充、唐朝的传奇人物李淳风、北宋的科学家沈括、南宋的数学家秦九韶和清朝的发明家黄履庄，他们都是曾经为中华民族的气象事业做出贡献的重要人物，值得后人敬仰和铭记。室外景观展区还有一个特别重要的部分，就是塔前展区。在塔前展区有4件著名的古代观天仪器，即浑仪、简仪、日晷和月晷；此外还有二十四节气系统和北极阁观象塔。这些都是了解古代观测气候不能忽视的重要部分，它们的存在述说了前人在气象发展史上呈现的智慧和努力，是中华文明史上不能抹去的一笔。值得一提的是，在塔前展区，一定要瞻仰竺可桢先生的塑像并致以崇高的敬意，因为竺可桢先生的努力，中国现代气象学才有了长足的发展。

在室内展区部分，有古代气象、近代气象、当代气象和现代气象科技展示厅4个展区。古代气象分6个时代，即"石器时代及传说史时代""春秋战国时代""秦汉时代""三国至明代""清代前期"，展示了古人在恶劣的自然环境中与自然斗智斗勇、仰观俯察，在漫长的历史长河中步履蹒跚地推动着古代中国气象一步一步向前发展的艰难历程。到了近代，中国内忧外患，但在富有社会责任感和历史使命感的学者、仁人志士的努力下，中央观象台、气象研究所、中国气象学会等机构相继成立，推动了气象事业的持续发展。中华人民共和国成立后，中国气象事业不断发展完善，由气象大国朝着气象强国的方向大步前进。

"5 000年的中国气象史如果是一片深邃的星空，南京北极阁气象发展历程无疑是这片星空中一颗璀璨的明珠"，这颗明珠的发掘者无疑就是伟大的中华儿女，故而，北极阁气象博物馆不仅是中华气象发展的历史，更是华夏儿女自强不息的奋斗史。

温馨提示

❶ 每年世界气象日（3月23日）为开放日，向社会公众免费开放，时间为9:00-16:00，须提前预约。

❷ 非开放日只接受团体（20人以上）预约。

012

南京云锦博物馆

源于指尖的灿若云霞

关键词：里程碑、文化遗产、 位置：江苏省南京市建邺区茶亭东街
　　　　灿烂云霞　　　　　　　　　　240号
国别：中国　　　　　　　　官网：无

「江南好，机杼夺天工，孔雀妆花云锦烂，冰蚕吐凤雾绡空，新样小团龙。」

作为汉民族传统工艺的美术珍品，南京云锦与成都蜀锦、苏州宋锦、广西壮锦并称"中国四大名锦"。所谓"锦"，指的是多有美丽图案的精致丝织品，是代表最高技术水平的织物，也比喻色彩鲜艳华丽。南京云锦，美如天上云霞，合"锦"的本义和喻义于一体，沿用王维的"轻纨叠绮烂生光"来形容，再贴切不过了。南京云锦的制造历史，可以追溯到东晋。417年，东晋政权曾经在建康（今南京）设立专门管理织锦的官署——锦署，锦署的设立，被看作是南京云锦诞生的标志。随着古代中国农耕经济的发展，纺织技术日益成熟，云锦用料日益考究，工艺越发精细。到了元明清三代，南京云锦成了皇家御用贡品，是皇家衣料的主要来源。因南京云锦历史悠久、纹样繁多、配色典丽、织工精细、富丽堂皇，且富于文化和科技的内涵，故而被称为中国古代织锦工艺史上的最后一座里程碑，被誉为"东方瑰宝""中华一绝"，是中华民族和世界最珍贵的历史文化遗产。2001年南京云锦正式申报非物质文化遗产；2006年南京云锦被列入中国首批非物质文化遗产名录；2009年8月《地理标志产品云锦》国家标准在南京通过国家级专家评审；2009年9月南京云锦成功入选联合国《人类非物质文化遗产代表作名录》。

但因为历史上的南京云锦"居庙堂之高"，长年脱离平民百姓，故难免有"养在深闺人未识"的

🔆 博物馆内古老的织布机

尴尬，其工艺的传承也出现了明显的危机。为了南京云锦制造工艺的保护、抢救、传承和发展，国家于1954年成立了"云锦研究工作组"；1957年经江苏省政府批准建立了"南京市云锦研究所"；1982年中华人民共和国轻工业部批准筹建"中国织锦工艺陈列馆"；1994年研究所和南京市旅游局合作筹建"中华织锦村"。"中国织锦工艺陈列馆"和"中华织锦村"即南京云锦博物馆的前身。现今的南京云锦博物馆是全国唯一一座云锦和民族织锦专业博物馆，馆内汇聚了明清以来最具代表性的云锦和全国各少数民族织锦精品、实物资料、技术工艺资料及南京云锦研究所近年来精心复制的我国历代珍贵丝织文物，是独具人文魅力、古代科技文化与历史文化内涵的世界非物质文化遗产博物馆。

　　南京云锦博物馆现有展馆面积4 300平方米，专门用于收藏并陈列展示近万件各类云锦艺术珍品及与之相关的各类丝绸文物、民族织锦等资料、实物；同时展出的还有970多件云锦专业实物资料、2 000多份云锦图稿资料和5.8万多册专业图书资料。在馆内二楼的中国织锦陈列馆，可以看到许多织锦工艺发展史上具有深远意义的织品，如汉代的素纱蝉

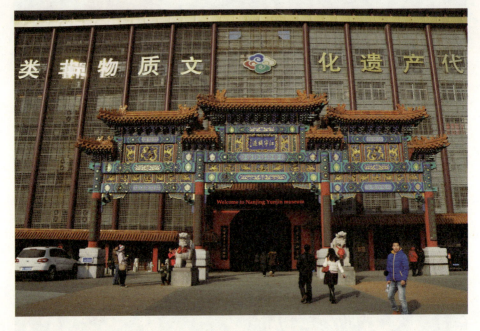

🔴 云锦博物馆古朴的建筑

衣，它是中国古代丝织历史上著名的织品。素纱是秦汉时期上流社会制作夏服和衬衣的流行衣料，以"轻、薄、透"著称，质地轻盈透亮。这件素纱蝉衣是我国耗时13年才复制完成的，重量只有49.5克，轻薄无比。其他展品如金代齐王金字袍、织金双鸾朵梅、绿地八则织金多彩夔龙锦，清代宝蓝地江山万代直径纱、湖色地正万字锦缎，唯有用美轮美奂、富丽典雅来形容，方显确切。展馆内特别引人注目的还有一台大花楼织机，这是宋代末年南京织锦工匠在总结和继承前人纺织工艺的基础上发明创造出来的，代表了我国织锦工艺的最高水平。大花楼织机须二人共同操作、密切配合才能完成织造工作，但就算织工二人配合默契，工作一天以8小时算，也仅能织出5～6厘米长的云锦，故人称南京云锦"寸锦寸金"。另外，博物馆的三楼是民族织锦馆，一楼则是南京云锦的商品展和销售部。因云锦是南京的标志性特产，离开前不妨根据自己的喜好，将灿若云霞的云锦带回家，这未尝不是一件美事。

温馨提示

❶ 博物馆内恒温，随时可参观。

❷ 免费开放，云锦研究所内部可停车。

013

中国茶叶博物馆

一片东方树叶的前世今生

关键词：茶文化、亲身感受

国别：中国

位置：浙江省杭州市龙井路88号

官网：www.teamuseum.cn

博物馆内展出的茶叶制作场景

　　"早晨起来七件事，柴、米、油、盐、酱、醋、茶"，这是百姓的烟火生活；"琴棋书画诗酒茶，当年样样不离它"，这是骚人墨客、才子佳人的风雅点缀和精神需求。原来，漫长的岁月，广袤的土地，来来往往的人世过客，都曾经沉浸在茶叶的世界里，品尝茶汁里的甘苦馨香。所以，茶叶的历史就是一部中华民俗史，是流淌在中国人体内的源远流长的气脉。只是茶叶的世界恢宏大气、博大精深，如果非要在短时间内了解茶叶如何从莽莽丛林沁入人们的世俗生活和精神世界，也许走进杭州中国茶叶博物馆是个不错的选择。

　　博物馆于1990年10月对外开放，现共有一号楼、二号楼、三号楼和四号楼等4座主要建筑。其一号楼是陈列大楼，设"茶史""茶萃""茶具""茶事""茶俗"5个展厅，分别介绍茶的历史、中国名茶、茶具艺术、茶与健康和饮茶风俗等。这5个展区，从中国是世界上最早发现和利用茶叶的国家，也是茶叶的原产地起，至泱泱大国各地不同的饮茶风俗和趣事止，天南地北，古往今来，涉及中华众多民族，在短时间内给游览者提供了生动且直观的茶叶知识，宣传了中华优秀的茶文化。二号楼是学术交流场所，为国内外的茶文化交流提供了一个舒适清幽的环境。三号楼是风味茶楼，内设6个不同的茶室，供游览者休息品茶用。四号楼是茶艺游览区，由云南竹楼、径山茶楼、日本茶室、中国古代茶艺等建筑及连廊组成，给游览者营造了一个良好的茶文化氛围。

与许多只能看不能触碰文物的博物馆不一样的是，中国茶叶博物馆的独特开放陈列方式，可以为游览者提供参与的机会，尽可能提升游览者的参观兴趣。比如"茶萃厅"，该厅陈列了红茶、绿茶、白茶、黑茶、乌龙茶、黄茶等6大茶类300多个茶样实物，被分门别类地安放在圆柱状茶树形台面上，同时配有相应按钮。游览者只要戴上耳机，点击标本旁的按钮，就会有一个娓娓动听的声音介绍相关的茶叶知识。"茶事厅"同样也给游览者提供了亲身感受的机会，让游览者在兴趣盎然中了解茶叶，进一步宣传茶文化。此外，博物馆还灵活运用多媒体在展览中的作用，展厅里设置有多台触屏多媒体，只要游览者轻轻一点触屏，就会源源不断地给游览者输送与茶文化相关的社会政治、经济、音乐、诗歌、绘画、舞蹈、宗教等知识，提高参观的趣味性和多样性。博物馆园区里还有一个生动的专题性茶树园——嘉木苑，园里展示了100多种千姿百态的茶树品种，制茶师还会当场展示制茶的各种工序……

中国有着悠久的饮茶历史，中国人与茶叶有着很深的缘分，中国的茶文化源远流

 博物馆内展出的茶品

长，中国的茶叶种类丰富齐全，中国的茶叶产量居世界之首，中国饮茶的人数最多……在这个茶的国度里，学一学茶的知识，感受茶文化的内涵，传承民族的饮茶传统，都是非常不错的。所以，走进中国茶叶博物馆，也是一种热爱生活的选择。

温馨提示

❶ 开放时间为 5 月 1 日至 10 月 7 日 9:00-17:00，10 月 8 日至次年 4 月 30 日 8:30-16:30。每周一闭馆（节假日除外）。

014

景德镇中国陶瓷博物馆

沧海一粟的绝世精美

关键词：瓷都、陶瓷文化、精美   **位置**：江西省景德镇市昌江区紫
绝伦   晶路1号

国别：中国   **官网**：无

陶瓷于中国意义非凡，因为在漫漫历史长河中，它是中国的文化符号，更是中国文化自信的切实体现。

◐ 在博物馆参观陶瓷展品的游客

    陶瓷是陶器和瓷器的总称，陶是全人类的共同发明，瓷是中华民族对世界的伟大贡献，故中国是瓷器的故乡，瓷器是中国文化的骄傲。在英文中，"瓷器（china）"与"中国（China）"同为一词。其实，不管是陶瓷或者是瓷器，都是中国的文化符号，更是中华民族的智慧结晶。在著名的瓷都景德镇，有中国第一家陶瓷博物馆——景德镇中国陶瓷博物馆，该馆馆藏文物丰富，是近距离接触陶瓷、领略中国博大精深的陶瓷文化的好去处。

    景德镇中国陶瓷博物馆的前身是1954年创建的景德镇陶瓷馆，后博物馆新馆建成，并于2015年10月18日正式开馆。新馆占地面积5.5万平方米，总建筑面积3.2万平方米，馆藏历代精品3万余件，在同类型博物馆中以藏品最多、类别最丰、品位最高而著称。现

馆内设常设展厅、临时展厅、学术交流区、公共活动空间、休闲商务区等，是一座布局合理、特色鲜明、服务到位的现代化博物馆。

博物馆现今有常设展厅6个，序厅分4个单元，分别为"陶瓷起源，文明标尺""南青北白，盛世雄风""晶莹如玉，镇名天下""锐意创新，独领风骚"，阐述中国陶瓷从1.8万年前新石器时代起步，历经夏、商、周、秦、汉、三国、两晋、南北朝、隋、唐、宋、元、明、清的发展历程，展示了陶瓷发展的历史。展厅中最具观赏性的是宋代的影青瓷和元代的青花瓷。展厅二分两个单元，分别为"官民并进，瓷都华章""异彩纷呈，瓷业鼎盛"，讲述明清时期瓷器的特点、制瓷工艺、瓷器外销、景德镇瓷都的发展以及对欧洲各国的影响等，展厅中展出大量青花瓷、五彩瓷、斗彩瓷等，让人大饱眼福。展厅三、展厅四和展厅五分别以"跨越传承，古韵新风""继往开来，铸魂塑型"为主题，展出景德镇陶瓷在近现代的成就与发展状况。特别是展厅四，可以看到很多中华人民共和国成立后景德镇的名瓷，其造型之优美、工艺之高超、时代之特色，让人过目难忘。展厅六"中华瓷国，瓷业之都"展出隋唐至五代时期景德镇的发展，从"瓷都赞"到"凤凰涅槃景德镇"，讲述景德镇在成为瓷都之前的数百年历史。博物馆内还时常举办专题展览，具体的展出时间可留意博物馆最新资讯。

博物馆内馆藏的大量珍品精美绝伦，其工艺水平之高，让人惊叹。在馆藏的古代陶瓷里，宋代的影青釉瓜棱盖合、影青印花双凤碗、影青双系执壶、素胎武士俑、素胎文吏、差役俑，元代的影青堆翠粟花纹粉盒、影青莲瓣口碗、青釉壶、青花牡丹纹梅瓶，明代的青花松竹梅大碗、青花葡萄纹菱口盘、霁蓝三足鼎式炉、五彩杂果盒，清代的康熙青花山水凤尾尊、康熙斗彩十二月花诗杯和乾隆粉彩九桃图瓶等，皆美不胜收。近代陶瓷和现代陶瓷也有许多佳品、珍品，如程意亭绘粉彩寿带梅花瓷板、田鹤仙绘粉彩梅花瓷板、王绮绘粉彩桃园结义瓷板、王少维绘浅绛通景山水狮耳瓶、青花斗彩天女散花瓶、粉彩团寿桃蒜头瓶、青花玲珑龙纹琵琶瓶等，都是值得细细欣赏品味的。当然，在馆中展出的主要还是景德镇瓷器，所谓"中华向号瓷之国，瓷业高峰是此都"，景德镇灿烂的陶瓷历史和文化，使之足以成为中国制瓷工业的代表。馆内也有历代官窑和各大名窑的瓷器，如汝窑、定窑、哥窑、钧窑的瓷器，它们与景德镇瓷器一起，汇成了中华陶瓷文化的历史长河，创造了一场陶瓷文化的盛宴，让人陶醉，更让国人自豪。

走进景德镇中国陶瓷博物馆，其实就是走进了一段足以让中华荣耀数千年的时光隧道，走进了灿烂辉煌的陶瓷世界，走进了智慧与美学结合得天衣无缝的多彩世界。走近它，探寻这颗世界文化艺术宝库中璀璨的明珠，何乐而不为呢？

温馨提示

❶ 免费参观，参观时间为9:00-17:00，16:30停止入场。
❷ 参观者须凭有效证件登记参观。
❸ 旅游高峰季节有人数限定。
❹ 有相关的收费项目，拍照须关闭闪光灯。

第二章

大不列颠的瑰宝

英国是世界上最早设立博物馆的国家之一，其博物馆数不胜数。不论是官方的还是民间的，不论是冷冰冰的科技产品还是美轮美奂的艺术佳作，英国博物馆都给予人类文明成果以应有的尊严。

大英博物馆

人类瑰宝的超级容器

关键词：举世瞩目、数不胜数、 免费参观

国别：英国

位置：伦敦市布鲁斯姆伯里区

官网：www.britishmuseum.org

去英国，不能错过大英博物馆。

在伦敦新牛津大街北面的大罗素广场，这座世界上历史最悠久、规模最大、名气最响亮的博物馆之一——大英博物馆赫然在目。

成立于1753年，在1759年向公众免费开放的大英博物馆已经走过了漫长的历史征程，以馆藏的800多万件稀世珍宝征服了来自世界各地的游人。其藏品之丰富、种类之繁多、规模之宏大令世人瞠目。

大英博物馆源于一名医生、博物学家、收藏家汉斯·斯隆爵士在逝世后对国家的捐赠：他为了完好保存7.1多万件藏品及大量植物标本、珍贵手稿，慷慨地将全部藏品赠予了国家。

在接受了斯隆爵士的赠予后，英国议会于1753年的夏天通过了建立国家博物馆的议案。于是，世界上第一家公立博物馆诞生了。

博物馆最初位于伦敦布鲁斯姆伯里区的一座17世纪的蒙塔古大楼里，后几经扩建，规模不断扩大，藏品不断增多，逐渐举世瞩目。现博物馆属于19世纪的建筑，是一座壮观、高贵的古典罗马柱式建筑。馆区面积

🔴 气势恢宏的大英博物馆外观

约7万平方米，其核心建筑约5.6万平方米，100个陈列室星罗棋布，分为埃及文物馆、东方艺术文物馆、希腊和罗马馆、西亚馆、日本馆、民族馆、欧洲馆、古近东馆、史前及早期欧洲馆、中世纪及近代欧洲馆、硬币和纪念币馆、版画和素描馆等，所藏展品从原始社会的石器到20世纪的版画共800多万件。

博物馆内除了图书，其他藏品大半是英国在18世纪、19世纪的时候从其他国家掠夺而来的。作为曾经的日不落帝国、工业革命后最强大的工业国家，英国以坚船利炮轰开了一个又一个国家的大门，劫掠了无数奇珍异宝。博物馆内著名的埃及文物馆和东方艺术文物馆就是最好的证明。

埃及文物馆是博物馆内最大的专题陈列馆，共藏有10多万件古埃及的文物，是古埃及高度发达文明的"储藏室"。陈列馆中最著名的珍品是罗塞塔石碑，是世界上唯一一块刻有埃及象形文字和希腊文的石碑，学者借助此石碑破译了埃及的象形文字，故这块石碑是大英博物馆的镇馆之宝。当然，石碑上还刻有"不列颠战利品"的字眼。除了石碑，陈列馆还有古埃及的各种大型人兽石雕、庙宇建筑、数量众多的木乃伊和各种金银器物等。

在东方艺术文物馆，陈列着来自中国、印度、日本及其他东南亚国家的珍品，数量达到了10多万件。其中中国藏品同古代希腊、埃及藏品一并为大英博物馆最珍视的藏品，中国各个不同时期的文物在博物馆里可谓是应有尽有，石器时代的石器、青铜时代的夏商周三代的青铜珍品、魏晋南北朝的石佛经卷、唐宋书画瓷器、明清金银制品等无所不包，惊艳世人。其中最引人瞩目的有东晋顾恺之的《女史箴图》摹本、《青绿山水图》和几十平方米的敦煌壁画。当然，以上列举不过是中国被掠夺文物的九牛一毛，博物馆内的中国画卷、经

 大英博物馆内的藏品极其丰富，吸引着大批游客

卷、文稿、文献、古籍、甲骨片、竹简等，数不胜数，许多珍品在中国国内难觅踪影。

古巴比伦、古印度、古希腊的文物在博物馆内也比比皆是，希腊帕提侬神庙的雕刻、印度的宝石戒指、巴比伦的银器等，皆是藏品中的珍宝。

大英博物馆当然还有其他类型的藏品，比如以《简·爱》轰动文坛的夏洛蒂·勃朗特写给有妇之夫的情书等。除了藏品，博物馆还以大量的图书著称，珍稀如原版《圣经》、英国大宪章的初稿，乃至莎士比亚戏剧手稿的真迹，都在此展出。图书馆面积约4万平方米，是当年马克思撰写《资本论》时收集资料和写作的主要场所，见证了伟大作品的诞生。

今日的大英博物馆依旧向世人免费开放，世人可在这里细细品味来自不同时空、不同艺术风格、承载着不同历史信息的展品，在无声的沟通与了解中与古人对话，与今人对话，乃至和自己对话。

温馨提示

❶ 大英博物馆藏品太丰富，建议参观前登录博物馆的官网，根据提示和建议做好参观的攻略。

❷ 可租借中文讲解器。

❸ 开放时间为 10:00-17:30，（大部分展厅周五延长开放时间至 20:30，复活节、周五除外）。1月1日和12月24日至12月26日闭馆。

科学博物馆

科学与工业的前世今生

看似冷冰冰的机械器物，却是工业时代里最光芒四射的科技成果，它折射出大英帝国曾经的辉煌和华彩，是大英帝国曾经傲视全球的骄人资本。

关键词: 工业革命、应有尽有

国别: 英国

位置: 伦敦市南肯辛顿区

官网: www.sciencemuseum.org.uk

◎ 科学博物馆其中一个入口

15世纪末，新航路的开辟改变了世界运行的轨迹。大西洋沿岸的岛国——英国继西班牙、葡萄牙和荷兰之后，得地利之便，成了欧洲新的贸易中心和商路中心。在新航路开辟之后的一两百年里，英国先后打败西班牙、荷兰和法国，成为西欧最发达的资本主义国家。经济的发展推动了科技的进步，17世纪，牛顿力学体系的建立，标志着近代自然科学的诞生。英国在经济和科技的助力下，工业革命蓬勃发展，大量发明如雨后春笋，给英国带来了巨大的经济利益与荣耀，并成就了大英帝国"世界工厂"和"日不落帝国"的赫赫声名。为展示英国作为全球工业革命发源地的科技实力，1857年英国科学博物馆创建，成为世界上第一座科学博物馆。

英国科学博物馆建筑面积4.5万平方米，展出面积3万平方米，共设70多个展馆，分门别类地展出农业、飞机、船舶、车辆、动力机械、电力、钢铁、纺织、气象、原子物理、分析化学等科技成果共20多万件，将自然科学技术发展史上具有重大意义以及对现代科技研究和探索有特殊意义的实物很好地保存和有意义地陈列，是世界同类博物馆中以"广"和"博"著称的博物馆。博物馆共7层，分设动力机械厅、电力厅、交通运

🔵 博物馆内展出的宇航员造型

输厅、钢铁厅、地球物理和海洋学厅、纺织厅、船舶厅、航空厅、探索厅等。

　　动力机械厅主要展出欧洲历史上具有重要影响力的动力来源，比如风车、水轮机、瓦特改良的蒸汽机、内燃机等。瓦特改良的蒸汽机是第一次工业革命时期最重要的发明，蒸汽机被誉为"工业革命之母"，为工业革命解决了动力的问题，彻底改变了工业的布局，推动了城市化的进程，是人类发展史上值得大书特书的发明创造；内燃机则是第二次工业革命时期具有深远影响力的发明，人类以内燃机为动力，成功研制出汽车、飞机等新式交通工具。

　　电力厅的陈列中有一个100万伏的放电装置，表演人工闪电，是该馆最精彩、最让人兴奋的项目。交通运输厅展出各个时代的马车、蒸汽机车，通过交通运输工具动力的变更，勾勒出一幅人类交通运输的发展史图，展现工业革命后交通发展的一日千里，让参观者能十分直观地体验到交通运输的发展对人类的真正意义——改变，从交通开始。 钢铁厅陈列有用模型展现的14—19世纪英国冶炼工业的发展过程、1865年英国巴罗公司第一台贝氏炉模型以及人类进入20世纪后在炼铁、炼钢和铸轧方面的新技术。

　　纺织厅展出了英国工业革命时期最早的纺织机。纺织业于英国具有特殊的意义，因为英国工业革命首先是从纺织业开始的，其标志是哈格里斯夫发明了珍妮机，让人类参加劳动的双手被解放出来，完成了人类在物质生产领域的一次巨大飞跃，这被认为是工业革

❻ 飞机、汽车等展品丰富，吸引着很多游客

命开始的标志。

　　地球物理和海洋学厅、船舶厅、航空厅和探索厅均展出了人类进入工业时代前后惊人的发明创造。在人类历史发展进程中，人类对自身的探索、对海洋的渴望、对宇宙的探索、对未知的痴迷，均在这数个展厅中得到解答，不管是上天还是下海，不管是地球还是外太空，都可以看到人类的努力，登月器、火箭、飞机、人造卫星、计算机、船舶及船舶模型等，应有尽有。因为博物馆展出的都是科技层面的成就，故采用实物或模型展出结合声像演示和自动讲解等陈列技术，大大提升了参观者的兴趣。

　　英国科学博物馆是人类认识世界、改变世界的一个明证。工业革命后，人类历史的发展注定要和科技紧紧地捆绑在一起，无法分开，既然这样，就不妨从认识科技、了解科技开始，从科技的昨天、今天开始，展望科技的明天，让科技更好地为人类服务。

温馨提示

❶ 免费开放。
❷ 开放时间为 10:00-18:00，12 月 24 日至 12 月 26 日关闭。

第二章 大不列颠的瑰宝

自然史博物馆

7 000 万件标本的豪阔

关键词：自然史、科学的教堂、标本

国别：英国

位置：伦敦市南肯辛顿区

官网：www.nhm.ac.uk

西方人常将地球称之为"盖亚"，"盖亚"这个词，有"大地之神""众神之母"的意思。作为宇宙中已知的存在生命的唯一天体，地球确实是亿万生物的家园。这无穷无尽的生物到底如何在拥有数十亿年历史的地球上繁衍生息，或许英国自然史博物馆可以提供部分答案，让人得以窥见地球发展史上的一点小秘密。

英国自然史博物馆位于英国伦敦的南肯辛顿区，是一个世界级的顶尖旅游景点和科

🔴 气派的自然史博物馆

研中心。它原本是大英博物馆的一部分，人称"大英博物馆自然历史部"，后于1881年由总馆分出，1963年正式成为一个独立的博物馆。这个拥有总建筑面积4万平方米、收藏有7 000万件标本的博物馆是伦敦群众性科学活动的主要场所之一，是欧洲最大也是最负盛名的自然史博物馆，俨然是知识的海洋和自然历史爱好者的天堂。

参观自然史博物馆，当然是冲着博物馆数不胜数的藏品去的，但在参观"上帝创造万物"的"奇迹"之前不妨先好好欣赏人类用智慧谱写的"凝固的乐章"——自然史博物馆建筑本身。这座古老的建筑是伦敦的地标性建筑之一，典型的维多利亚式建筑风格，如罗马式拱门、廊柱、哥特式塔楼、中央大厅上方高挑的尖顶式天花板、巨型彩绘玻璃拱窗，宗教色彩特别浓厚。但为了突出自然史博物馆的主题，博物馆又以大量动植物的形状为雕饰，让科学和宗教和谐碰撞，使得博物馆成为神圣且厚重的"科学的教堂"。

博物馆分为生命馆和地球馆两部分，20间陈列厅，陈列内容包括古生物、矿物、植物、动物、生态和人类6个部分。中央大厅是现代生命科学陈列厅，用立体景观、展柜介绍进化论和人类学知识。博物馆一层右翼各陈列厅展示古生物化学化石标本，如9 000万年前消失的外形类似鱼和海豚的大型海栖动物鱼龙，与鱼龙一起统治中生代的大型海生动物蛇颈龙，史上最庞大的肉食性动物暴龙，体态极小的新颌龙，尾翼达17米的翼龙以及完整的始祖鸟骨骼等。虽然这些古生物早已灭绝，但人类依然可以从这些古生物化石标本中得到关于曾经统治地球的生物如"恐怖的蜥蜴"——恐龙的蛛丝马迹，期待着有一天有人能解开6 500万年前白垩纪时期恐龙突然消失在地球进化史上这个最大的谜团。据说该

博物馆内景一角

馆的恐龙骨架、化石和模型是最受参观者尤其是孩子欢迎的，特别是机器暴龙的阵阵吼声总能成功引起孩子的尖叫。博物馆一层左侧各陈列厅展出的是现代动物，包括海洋无脊椎动物、鱼类、鸟类和爬行动物等。二层左侧展出的是哺乳动物，其中较精彩的是非洲热带草原动物和澳大利亚有袋动物的陈列；右边陈列着矿物、岩石、宝石、大理石，并有专室陈列陨石。三层是现代植物和化石植物的陈列。说到宝石，不能不提及馆内珍藏的罕见宝石——"德里紫蓝宝石"。这块人称"受诅咒的宝石"美名和恶名并重，故而长期被锁在博物馆的柜子里。但后来博物馆决定永久性地展出这块颇具传奇色彩的"魔石"，连同这块宝石展出的还有它的"诅咒故事"。馆内深受参观者惊叹的还有一条号称"世界上最大"的鱿鱼——一只长达9米、拥有一双长约0.25米的巨大眼睛的巨型软体动物，骇人却又无比吸引人，海洋世界的奇妙可见一斑。在博物馆，除了用眼睛看、用耳朵听，还能"身临其境"去感受。在地球馆专门设置有一个超市情景，让参观者亲身经历1995年日本神户大地震的威力，超市里的剧烈晃动给参观者带来极大的震撼。

丰富且珍贵的藏品，新颖的陈列方式，神秘的自然历史，浩瀚的知识海洋，这就是英国自然史博物馆的魅力。

温馨提示

❶ 开放时间为10:00-17:50,17:30停止入场;12月24日至12月26日闭馆。

❷ 免费开放，但部分展览收费。

018

超过一万千米的绵长海岸线，大西洋上的岛国，悠久的航海历史，世界上最先进的海军，这都是英国国家海事博物馆存在的理由。

国家海事博物馆

区分东西半球的子午线

关键词：本初子午线、海上
争霸、探寻海洋

国别：英国

位置：伦敦市格林尼治区

官网：www.ac.uk

博物馆展出的帆船模型

大不列颠及北爱尔兰联合王国，也就是英国，是一个西欧岛国，本土位于不列颠群岛上，被北海、英吉利海峡、凯尔特海、爱尔兰海和大西洋所包围，是一个典型的海洋国家。海上作业、海上运输、海外贸易、海外扩张、海军……海洋如血液，流淌在大英帝国的体内，见证着大英帝国的海上冒险、重洋征服、百年辉煌和日落西山的忧伤。牵系着大英帝国从崛起到衰落的是"海事"，更是一条条朝着五大洲数大洋延伸的海上航线。因此，国家海事博物馆在大英帝国的存在就有了足够的理由。

英国国家海事博物馆位于伦敦格林尼治区，坐落在景色优美的格林尼治世界海事遗产遗址之上，由海事陈列馆、皇家天文台和建于17世纪的皇后之屋组成。海事陈列馆大楼建于1807年，曾经是海员子女的学校；皇家天文台是英国国王查尔斯二世于1675年设立的，这位爱好科学的国王希望通过皇家天文台的创立来促进航海事业的发展并解决在海上确定经度的问题。皇家天文台也是格林尼治标准时间和世界本初子午线——0°经线的所在地；皇后之屋是詹姆斯一世的王后、丹麦的安妮公主下令建造的，是王后私人休憩和待客的地方。19世纪初期，乔治三世将皇后之屋授予皇家海军收容所——一个收

🔴 国家海事博物馆外景

容和教育海员孤儿的慈善机构。虽然后来慈善机构搬走，但皇后之屋和海事的渊源已经不可分割。

英国国家海事博物馆是依照1934年英国议会通过的法案正式成立的，并于1937年开始向公众开放。博物馆里有世界上最重要的英国海上历史收藏，其中包括海洋艺术、地图绘制、手稿、船舶模型与平面图、科学与航海仪器、计时器和天文仪器等。这些收藏，见证了英国成为海上强国的历史进程以及海上争霸纵横世界的过往。此外，博物馆里还有世界上最大的海事历史参考图书馆，其收藏的海事历史参考书籍多达10万册，其中包括15世纪出版的书籍。

英国国家海事博物馆的看点有很多，可以回味和怀念的故事也有很多。皇家天文台的本初子午线即0°经线是最大的看点之一。本初子午线又称"首子午线"或"零子午线"，是中国对0°经线的称呼，中国古人以"子"为正北方、以"午"为正南方，故而称这条经线为"子午线"。子午线是计算东西经度的起点，是1884年在华盛顿国际经度会议决定的，用通过英国格林尼治天文台原址子午仪中心的经线为本初子午线。许多游客到了皇家天文台镶在地面的铜线——0°经线所在的位置，特别喜欢用双脚跨在子午线的两侧并留影，表示自己同时脚踏东西两个半球。其他看点还有约翰·哈里森钟表（解决

经度问题的钟表）、弗雷德里克王子的国家驳船、皇后之屋的郁金香楼梯和大厅、时间球和桥梁模型等。

　　博物馆不仅收藏了许多不可多得的珍贵文物，更珍藏了许多与海洋、海员有关以及人类探寻海洋奥秘的往事，例如进一步拓宽已知世界边际的伟大航海探险家的故事，想寻找新家的家庭和个人的移民之旅以及人类对海洋环境的影响等。博物馆里甚至还提到了中国郑和下西洋的历史，也提到了欧洲航海先驱、葡萄牙王子的故事……

　　海事是人类探寻海洋、认识海洋、接洽海洋、利用海洋的过程，而英国国家海事博物馆是以上人类壮举的留存和见证。这里展示的不仅是英国辉煌的航海史，也是整个人类的航海史。所以，走进英国国家海事博物馆，等于走进了人类本身，是人类"认识自己"的事实证明。

温馨提示

❶ 开放时间为 10:00-17:00，16:30 停止入场；12 月 24 日至 12 月 26 日闭馆，12 月 31 日提前闭馆，1 月 1 日 12:00 开馆。

❷ 海事陈列馆、皇家天文台和皇后之屋可免费参观，部分展览收费，个别群体可持证免费参观部分收费的展览。

019

国家美术馆

邂逅凡·高的胜地

从文艺复兴时期的意大利到19世纪、20世纪的法国，从达·芬奇到凡·高，从浪漫派到印象派，这里是欧洲油画的宝库，是绘画艺术爱好者的天堂。

关键词：达·芬奇、凡·高、艺术教育

国别：英国

位置：伦敦市特拉法加广场

官网：www.nationalgallery.org.uk

国家美术馆矗立在蓝天下，雄伟壮观

达·芬奇是世界艺术巨匠，欧洲文艺复兴时期伟大的"美术三杰"之一，从《蒙娜丽莎》《最后的晚餐》到《岩间圣母》均为世人所熟知。《岩间圣母》共有两幅，第一幅收藏于法国卢浮宫；第二幅完成于16世纪初期，是达·芬奇创作巅峰开始的作品，其艺术价值无与伦比，这幅画就收藏在英国国家美术馆中。

英国国家美术馆，又称国家艺廊，位于英国"最美丽的广场"——特拉法加广场，成立于1824年，现收藏有13—19世纪各个不同时期的绘画作品共2 300幅，其藏品从达·芬奇、拉斐尔到威尼斯画派、法国写实画派、前期印象画派直到塞尚、凡·高的作品，几乎都能在绘画史上代表一个时代，故国家美术馆深受游客喜爱。

国家美术馆分为东、南、西、北4个展厅，按作品的年代顺序展出。1260—1510年的早期文艺复兴艺术画作收藏在1991年增建的塞恩斯伯里展览室，如西方绘画史上最悠久、最复杂的作品之一《阿诺芬尼夫妇像》，以及《维纳斯和战神》和达·芬奇的炭笔素描《圣母子与圣安妮、施洗者圣约翰》；西边展厅展出的是1510—1600年文艺复兴全盛时期的意大利和日耳曼绘画，如拉斐尔的《粉色圣母》、达·芬奇的《岩间圣母》、提香"最伟大的作品"中的《戴安娜和亚克托安》《巴克斯和阿里阿德涅》、卡拉瓦乔的《莎乐美与施洗者约翰的头颅》《被蜥蜴咬伤的男孩》等；北边展厅收藏的是1600—1700年的荷兰、意大利、法国和西班牙画作，如《参孙和达莉拉》、伦勃朗的《伯沙撒的盛宴》《圣乌苏拉启航的海港》《示巴女王在装船待发》《天上和地上的两个三位一体》《米德尔哈尼斯的小路》《金牛犊的崇拜》等。其中欧洲17世纪最伟大的画家之一、荷兰历史上最伟大的画家伦勃朗的作品分展在两间专属的展室；东边展厅则展出了1700—1900年的绘画，包含了18世纪、19世纪及20世纪初的威尼斯、法国和英国的绘画，如《在空气泵中对一只小鸟进行的一项实验》《石匠的院子》《大运河上的划船比赛》《伯爵夫人的上午接见》《时间下令老年摧毁美丽》《那不勒斯的一堵墙》《干草车》《雨伞》《向日葵》《花丛中的奥菲利亚》等，其中风景画是东边展厅的一大特色，著名的《向日葵》就在东边展厅展出。

这一幅又一幅的时代巨作，俱是时代的折射和留影，具有十分重要的美学意义。在英国国家美术馆中，公认的巨匠巨作有凡·高在1888年创作的《向日葵》，画作笔法简练，色彩厚重鲜艳，浮雕一般的质地，充满律动感和生命力。凡·高一生中画了6幅《向日葵》，据说收藏在本馆中的这一幅是他自己最满意的。他的一生"用全部精力追求了一件世界上最简单、最普通的东西，这就是太阳"。达·芬奇的《岩间圣母》也是稀世珍品，此画作是祭坛画，宗教色彩浓厚，画中圣母居于画面中央，她右手扶婴孩圣约翰，左手下坐婴孩耶稣，一天使在耶稣身后，恰好是一幅平衡感极好的三角形构图。画中人物以手势彼此响应，富有生机。人物背后则是一片幽深岩窟，花草点缀其间，且洞窟通透露光，这样的表现手法和构图布局体现了达·芬奇高超的艺术造诣……

英国国家美术馆秉承 "画作的存在并不是收藏的最终目的，而只是为了大众的审美乐趣，提升国人对于艺术知识的涵养"的创始宗旨，所以，从美术馆创建开始就免费向大众开放，并主动承担起艺术教育的社会职责。因此，前来美术馆参观和学习的不仅有小学生、中学生和大学生，还有英国各地、世界各国的各年龄段的游客，他们均为了能获得艺术的熏陶，涵养一份美好的情怀而来。一座美术馆存在的意义和价值，应该就莫过于此吧？

温馨提示

❶ 开放时间为 10:00-18:00，每周五闭馆时间延至 21:00，1月1日和12月24日至12月26日闭馆。

❷ 免费开放。

帝国战争博物馆

人与战争的对话

关键词：世界大战、实物资料、　　位置：伦敦市兰贝斯
和平　　　　　　　　　　　　官网：www.iwm.org.uk
国别：英国

据统计，从地球上出现文明以来的5 000多年中，人类先后发生了1.5多万次战争，有几十亿人在战争中丧生，战争的残酷让人不寒而栗。所以，纪念战争是为了阻止新的战争。

　　第一次世界大战（以下简称"一战"）是人类历史上一场史无前例的浩劫，也是欧洲历史上破坏性最强的战争之一。对战胜国英国而言，这场战争从一开始就注定了它的衰落：从近80万军民的伤亡到巨额的战争开销，从财政金融形势的恶化到海外商队的巨大损失和海外投资的亏空，从国内生产的下降到海外市场的大面积丧失，英国可谓赢了战争却输了财富、毁了前程。这场战争对英国人的影响是惨痛且深远的，昔日"日不落帝国"的荣光已经渐渐日薄西山。为了纪念"一战"，使人们了解现代战争及其对个人和社会的影响，避免重蹈覆辙，英国于"一战"结束前一年即1917年建立帝国战争博物馆。随着时间的推移，博物馆的馆藏越来越丰富，1939年，博物馆馆藏范围扩至"二战"，1953年再度扩至从1914年8月起英国及英联邦参加过的所有军事行动。于是，帝国战争博物馆成为记录20世纪战争冲突的国家博物馆。博物馆记录和诠释了现代战争及个人战争经历的方方面面，不管是盟军、敌军还是军人、平民；不管是军方、政界还是社会、文化等各个层面，都被博物馆记录下来，它涵盖了战争冲突的起因、过程和结果，对时人乃至后世都具有非常深刻的教育意义。

　　帝国战争博物馆是一座有着多个分馆的全国性博物馆，此处所指的伦敦帝国战争博物馆位于伦敦中心区、泰晤士河东岸、昔日的皇家医院内，是帝国战争博物馆不可分割的一部分。伦敦帝国战争博物馆多次迁址，起初是在人称"英国19世

🎯 帝国战争博物馆内展出的飞机

纪的建筑奇观"、第一届万国博览会会场——水晶宫,后迁至伦敦帝国学院,1936年才迁到现址。伦敦帝国战争博物馆是一座维多利亚时期的巴洛克建筑,为了彰显战争博物馆的身份,建筑的大门处放置了两门巨炮。这两门大炮在"一战"后期服役,经历了无数次战火的洗礼。博物馆共有3层,收藏的内容极其丰富,有1.5多万幅绘画作品和雕刻品、3多万张海报、600万张相片、360多万米的电影胶卷、6 500个小时的录像带和3.2万个小时的历史录音带、英国和外国的文件、15多万册书籍等与战争相关的资料;有"一战""二战"等英国经历过的百余年来的战争中使用的武器、飞机、大炮,以及包括坦克在内的各种装甲车、导弹、舰艇……俨然一座武器库;还有官兵的制服、肩章、奖状、个人装备和装饰品等,一点一滴地记录着曾经的战争烽火,展示了英国人为战争做出的贡献和牺牲。

博物馆除了用实物资料记载战争的残酷性,还设置了许多特殊主题的展厅,如"一战"坑道模拟展厅,充分综合运用光、电、声等现代高科技手段,还原了一个枪声、炮声、呐喊声、面临死亡的哀号声等揪人心肠的战争环境,将战争的残酷与死亡的恐惧一并展示给参观者。馆内还有一个震撼人心的"伦敦大轰炸"展厅。1941年9月至1942年5月,德国对英国各大城市和工业中心进行轰炸,其中伦敦被轰炸超过76个昼夜,其间4.3万名市民死亡,并有约10万幢房屋被摧毁,是英国所有遭受轰炸的城市中受创最严重的一座城市。为了铭记历史,"伦敦大轰炸"展厅分为防空洞和伦敦街区。在防空洞里,空袭的爆炸声、轰鸣的飞机声,声声摄人心魂;在伦敦街区展厅,处处是残垣断壁,在焦黑的瓦砾堆中,传出伤者痛苦的呻吟,半个玩具熊的脑袋露在烟尘血腥里……

战争是残酷的,人类渴望永久的和平,国家也努力争取属于人民的和平,或许,这就是纪念战争的意义。

温馨提示

❶ 开放时间为 10:00-18:00,闭馆前半小时停止入场;每年的 12 月 24 日至 12 月 26 日闭馆,11 月至次年 2 月,闭馆时间提前至 17:00。

❷ 免费开放,但部分专题展览收费。

021

阿什莫林博物馆

大学里的博物馆

伊丽莎白女王曾在演说中将阿什莫林博物馆称为「世界上最伟大的大学博物馆」。

关键词：牛津大学、艺术、考古

国别： 英国

位置： 牛津郡牛津大学博蒙特街

官网： www.ashmolean.org

🔘 美丽的牛津大学校园

英国牛津大学是英语世界里最古老的大学，有"天才与首相的摇篮"之称，是一座具有近千年历史的世界著名学府，正如人们常说的，"穿过牛津城，犹如穿过历史"。在这座文化与时代交会的学府里，作为牛津大学的一部分，阿什莫林博物馆留住的是一个个时代的缩影，展现的是一座座文化的丰碑，是"文化交叉与时代交叉"的注解。

阿什莫林博物馆的全称是阿什莫林艺术与考古博物馆，是牛津大学5个博物馆之一，也是英国第一个公共博物馆，更是世界上最早的公共博物馆之一。此外，它还是世界上规模最大、藏品最丰富的一座大学博物馆。如果追溯它在世界博物馆发展史上的地位，可以这么说，阿什莫林博物馆的成立是近代博物馆诞生的标志。

阿什莫林博物馆的名字来源于收藏家阿什莫林，他将自己的以及从其他收藏家手中收集过来的珍贵藏品全部捐赠给牛津大学，从17世纪早期开始就有收藏艺术品习惯的牛津大学特地为珍贵和无私的捐赠建造了一座新建筑来安置藏品，并将此建筑命名为"阿什莫林博物馆"。新建筑于1683年完工并于同年5月份对公众开放。此时，博物馆的藏品从动物（如鸟、兽、鱼、虫等）、植物和矿物（如宝石等）等考古标本到人类经济活动中产生的货币，从服饰等生活用品再到具有较强审美意识的绘画、雕刻品、手工艺品、

纪念章等，门类庞杂，包罗万象。1845年，位于博蒙特街的新馆落成并对公众开放。这一时期，博物馆再次迎来大量捐赠，绘画作品、各种考古学上的珍贵标本和精美的手工艺品在新馆内安家落户。1908年，牛津大学艺术收藏与原阿什莫林博物馆合并，成为现在的阿什莫林博物馆。

走过了5个世纪的阿什莫林博物馆设古器物部、西方艺术部、东方艺术部、赫伯登钱币室等4个部门，展出来自两河流域、尼罗河流域、恒河流域、中国、日本、俄罗斯、希腊、欧洲等地区或国家的出土文物、绘画、雕刻、陶瓷、青铜器、钱币等。古器物部的藏品上至旧石器时代，下至英国的维多利亚时代，时间跨度非常大；西方艺术部汇聚了从欧洲中世纪开始至今的精美艺术品、陶瓷、青铜器、银器、雕塑、油画等，从地中海沿岸的意大利到伏尔加河上的俄罗斯，从古希腊文明世界的雕塑到英国考究的银器，用美轮美奂来形容并不为过；东方艺术部的藏品主要来自中国、日本以及伊斯兰国家，特别是中国的版画、青铜器、瓷器等，是东方艺术部里最引人注目的；赫伯登钱币室主要收藏了古埃及以及世界各地的古钱币。

根据博物馆"艺术"和"考古学"的定位，本馆中最值得流连的，莫过于绘画作品和出土文物，特别是绘画作品，是博物馆藏品中的明珠。西方艺术部的版画室收藏了15世纪以来英国最好的版画、素描和水彩作品，其中有许多是大师巨匠的作品。如文艺复兴

第二章 大不列颠的瑰宝

071

● 博物馆内景一角

时期的"美术三杰"达·芬奇、拉斐尔和米开朗琪罗的素描，数量超过200件的伦勃朗的版画和素描，法国印象画派大师卡米耶·毕沙罗以及毕沙罗家族的作品。其他著名的艺术巨匠如英国第一位浪漫主义诗人、版画家威廉·布莱克，西班牙杰出肖像画画家弗朗西斯科·戈雅，法国画家和雕塑家埃德加·德加，英国皇家画家托马斯·庚斯博罗，法国新古典主义的代表安格尔，意大利文艺复兴后期威尼斯画派、人称"西方油画之父"的提香等，他们的作品使版画室熠熠发光，让参观者流连忘返。

阿什莫林博物馆是邂逅艺术、穿越历史的殿堂，是牛津大学厚重文化积淀的体现，其浓厚的人文色彩让人肃然起敬。所以，走进牛津大学，走进阿什莫林博物馆，去体验触手可及的人类文明是一大幸事。

温馨提示

❶ 开放时间为周二至周日的 10:00—17:00，周一闭馆。
❷ 免费开放，游客可认捐。

022

泰特美术馆

500 年艺术的陈列室

泰晤士河畔的"瑞士之光"犹如一座熠熠发光的灯塔，在伦敦的夜空中指向现代艺术的方向，那是现代艺术爱好者的"圣地"。——泰特美术馆。

关键词：泰纳、别具特色

国别：英国

位置：伦敦市泰晤士河南岸

官网：www.tate.org.uk

🅖 泰特美术馆画作

  2009年的夏日，中国美术馆用5个展厅隆重展出了来自远洋的贵宾——英国泰特美术馆馆藏的泰纳绘画珍品。泰纳是英国著名风景画家，也是英国历史上最伟大的画家之一，这是他的作品在中国的首次展出。中英两国的艺术交流让更多中国艺术爱好者深深迷上了泰纳，同时也加深了对泰特美术馆的印象。

  泰特美术馆以收藏16世纪以来的英国本土绘画和各国现代艺术作品著称，于1897年首次对外开放。美术馆馆名"泰特"二字源自该馆创始人亨利·泰特爵士。美术馆起始主要专注本国艺术，但从1917年开始，美术馆将收藏的目光转向全世界，现代艺术的藏品也日渐荟萃于此。2000年，泰特美术馆发展成为4个美术馆：泰特英国美术馆、泰特现代美术馆、泰特利物浦美术馆和泰特圣艾弗斯美术馆。

  泰特英国美术馆是4座泰特美术馆里的"长老"，共8个展厅，馆内最著名且最受欢迎的是拉斐尔前派和泰纳的作品。拉斐尔前派兴起于19世纪的英国画坛，由英国青年画家罗塞蒂、亨特和米莱斯共同创立，其绘画特色以构图完美、色彩运用强烈而闻名，在英国画坛上流行时间不长，但对英国的绘画史和绘画方向产生了较大影响。泰纳则是欧洲美术史上有着特殊地位的画家，他曾引领18世纪末的英国画坛并影响了整个欧洲的绘画。泰纳的著名作品有《海上渔父》《特拉法加海战》《暴风雪：汉尼拔和他的军队穿越阿尔卑斯山》《迦太基帝国的衰落》《议会大厦的火灾》《暴风雪——汽船驶离港口》《光与色彩（歌德理论）——洪水灭世后的清晨》《狂暴的海》《诺勒姆城堡的日出》等。泰纳的风景画是继法国古典风景画和荷兰海景画之后又一个风景画的巅峰。

　　泰特现代美术馆位于泰晤士河南岸，一座著名的千禧大桥将它和圣保罗大教堂联系了起来。泰特现代美术馆于2000年5月对外开放，专门收藏20世纪的现代艺术。现代美术馆所在地原是一座宏大的发电厂，后经两名瑞士建筑师改建而成。现今的美术馆外墙覆盖着褐色墙砖，烟囱高耸入云。在伦敦的夜色中，美术馆烟囱顶部的"瑞士之光"已经成了参观伦敦不可错过的美景之一。美术馆的馆藏来头不小，现代艺术的创始人、西方现代派绘画的主要代表毕加索，野兽画派的创始人和主要代表画家亨利·马蒂斯，风格派运动幕后艺术家和非具象绘画的创始者之一彼埃·蒙德里安，西班牙加泰罗尼亚画家、与毕加索和马蒂斯一起被认为是20世纪最有代表性的3位画家之一的萨尔瓦多·达利等巨匠，他们的作品吸引了来自全世界的参观者。美术馆的布展方式比较有趣，他们将艺术品分成历史—记忆—社会、裸体人像—行动—身体、风景—材料—环境、静物—实物—真实的生活4大类，让参观者围绕着相同的艺术主题细细体味和领略不同时代、不同风格的绘画特色，给参观者以鲜明的对比和强烈的视觉冲击。

● 造型奇特的泰特美术馆新馆

　　泰特利物浦美术馆和泰特圣艾弗斯美术馆的艺术作品也别具特色，如利物浦美术馆的弗朗西斯·培根的绘画作品呈现出怪诞、病态的特征，画家以此揭露世界和人类的灾难；圣艾弗斯美术馆内则有许多有趣的雕塑，让人大开眼界。

　　美术，一种可视性的艺术，承担着"让艺术融入生活，融入思维，融入灵魂，活在当下"的社会责任。而泰特美术馆4个分馆，尽管有4种特色，但都同样诠释着美术的社会责任。

第二章　大不列颠的瑰宝

温馨提示

❶ 开放时间为 10:00-18:00，12月24日至12月26日闭馆。

❷ 免费开放，特殊展览须购票参观。

❸ 美术馆里有免费导览团，在固定时段针对不同展览主题进行详细讲解。

023

披头士博物馆

无比辉煌的音乐时代

创建一座博物馆来纪念一支乐队，这在任何国家都是极其罕见的，但在英国，却显得理所应当，因为博物馆纪念的是披头士乐队，是世界流行音乐史上不可复制的传奇。

关键词：披头士、摇滚乐、缅怀　　**位置**：利物浦市艾伯特码头

国别：英国　　　　　　　　　　　**官网**：www.beatlesstory.com

⬤ 古色古香的博物馆外观

披头士乐队是英国最具传奇性的摇滚乐队，其音乐风格多元，音乐作品题材深刻，音乐人又极具鲜明的人格魅力，故而对世界流行音乐特别是摇滚乐的影响深远。虽然乐队仅仅存在了10年时间，但它是世界音乐文化的革命者，其文化的影响力遍及英国乃至整个世界，成为一种公认的全球文化现象和流行音乐的商业模式。为了纪念这支"神一般存在"的乐队，在乐队的故乡利物浦创建一座纪念乐队的博物馆就成了全英国甚至全球披头士音乐

迷的愿望。

　　披头士博物馆位于英国最时髦的艾伯特码头，是由一座旧仓库改建而成的。博物馆就像一个多功能的大展厅：酒吧、咖啡店、唱片店、书店和礼品店……馆内集合了披头士乐队当年演出的海报、乐队成员用过的乐器、乐队成员的温馨合照、展现疯狂歌迷的音像资料、乐队远征美国曾经坐过的飞机的模型、记载了乐队辉煌历史的黑胶唱片、乐队成员的签名照、约翰·列侬生前用过的物品等，将披头士乐队不同凡响的星路历程——进行了回顾，从远征汉堡到登陆美国，从利物浦走向世界，讲述了乐队整整10年的无上风光，也回望了乐队解散后成员各自的生活。

　　这是一个可以让游客融入披头士乐队历史里的博物馆，是世界披头士音乐迷共同缅怀巨星的集合地，更是世界音乐发展史上不能忘却的一笔。如果参观纪念馆不足以满足靠近巨星的渴望，那么纪念馆里与披头士乐队相关的纪念品号称世界最齐全，杯子、T恤、唱片、海报、背包、徽章、手表、明信片等，不一而足，选一件带走，应该也算是一种缅怀。

温馨提示

● 开放时间为4月1日至10月31日09:00-19:00；11月1日至次年3月31日10:00-18:00。

② 票价为成人（17岁以上）14.95英镑，60岁以上或学生11.5英镑，0~4岁免费，5~16岁9英镑。

024

铅笔博物馆

小铅笔的大世界

铅笔的世界很小，历史却很长；铅笔的使用范围很广，但了解它的人不多。幸好，在英国的一个小镇，有人给铅笔缔造了一个完整的"人生"。

📍 **关键词**：铅笔、鼻祖、大开眼界　　**位置**：湖区坎伯兰郡凯西克镇
　　国别：英国　　　　　　　　　　　**官网**：www.pencilmuseum.co.uk

　　铅笔的历史很悠久，早在2 000多年前的古希腊古罗马时代，就已经有人用金属棒夹着铅块或铅条书写，那是名副其实的"铅笔"。今天人们广泛使用的铅笔芯是将石墨与黏土按一定比例用机器搅拌后制作而成的，与铅没有什么关系。人类究竟是从何时何地开始发明使用现代铅笔的呢？这还得从英国北部湖区的凯西克镇说起。16世纪，英国人在坎伯兰郡的凯西克镇发现了一座小型矿山，矿山里蕴藏着一种黑色的矿石，人们发现这种叫"石墨"的黑色矿石居然可以用来写字，于是当地人就将这种矿石切割成条状运到伦敦出售，专门用来给货箱货篮做标识。再后来，有人将加工后的石墨条插进钻好小孔的小木棒中，于是，铅笔就诞生了。

　　在素有设立博物馆传统的英国民间，凯西克镇铅笔博物馆的创立一点也不值得惊讶，毕竟，该地350多年前生产的铅笔是今天铅笔的鼻祖。铅笔博物馆坐落在清幽、干净的小镇上，小小的馆区其实就是铅笔生产车间腾出来的3间房子。在如此袖珍的博物馆里，陈列着世界各地的铅笔，长的短的，圆的方的，粗的细的，椭圆形的六角形的，彩芯的原色芯的，有的包装精美，有的包装简单朴实……这里还有世界上最长的铅笔以及各种趣味铅笔工艺品。大大小小的

🔴 凯西克镇景色宜人

　　铅笔让人大开眼界，当然，作为博物馆，免不了也会介绍铅笔的"前世今生"，游客可以通过各种照片和文字资料进入铅笔的世界里，了解铅笔的历史、用途、制作工艺等。博物馆内还陈列了一些制作铅笔的材料，如颜料和木料等。此外，馆内展出的石墨矿石标本和各种别具匠心的铅笔模型及雕塑，也给博物馆增添了些许趣味。

　　博物馆的规模很小，毕竟它只是铅笔的小世界，不需要花费太多时间参观，但博物馆的商店却能让游客驻足，购买一支或数支铅笔，并在铅笔上刻上它将来主人的名字，这份来自铅笔故乡的小小心意，也能让亲人或友人感动吧！

温馨提示

❶ 开放时间为 9:30-17:00；冬季为 11:00-16:00。
❷ 比较适合亲子游。

第二章　大不列颠的瑰宝

第三章

法兰西
的荣光

法兰西人与生俱来的浪漫和从骨子里洋溢出来的对美的追求，让这个国度充满了艺术的氛围；"艺术的海洋"卢浮宫固然是法兰西人的骄傲，但"地下金字塔般的宏伟工程"——下水道博物馆也是法兰西人的杰作。古典艺术也好，现代科技成就也罢，法兰西人从来都不会让美的意象落入尘埃的卑微里。

025

卢浮宫

举世瞩目的万宝之宫

关键词：法国的标志、金字塔、
绝世珍品

国别：法国

位置：巴黎市塞纳河北岸

官网：www.louvre.fr/zh

光是建筑的色彩，于是美籍华人建筑大师贝聿
铭用一座深具古典意象和现代建筑手法的玻
璃金字塔将光线引进了卢浮宫。让今日照亮过
去，让沉沉的历史在日光和世人的注目中缓缓
绽放华彩，这不就是博物馆存在的意义吗？

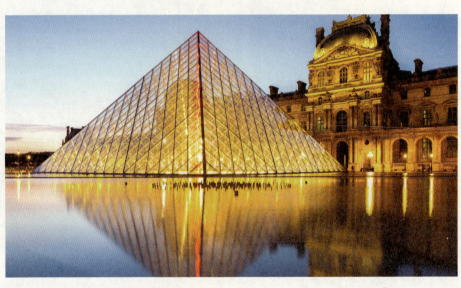

🔸 卢浮宫的玻璃金字塔由华人建筑师贝聿铭设计建造

　　许多人将卢浮宫当成法国的标志，正如北京故宫之于中国的意义。卢浮宫与故宫，都是
世界上著名的皇宫博物院，都有着极其深厚的文化积淀，都是世界著名的文化遗产。有意思
的是，作为世界著名的博物馆，参观故宫博物院的游客更多是将注意力聚集在院内的建筑
上，沉浸在金碧辉煌、恢宏大气的雕梁画栋、凤阁龙楼里；参观卢浮宫的游客则更多地被博
物馆里无与伦比的馆藏所吸引，而忽略了卢浮宫的建筑本身和历史。

　　人们常说法国卢浮宫有三宝,古希腊著名雕刻家阿海山纳用大理石雕刻的《米洛的维纳斯》、雕刻者无法考证的《萨莫色雷斯岛的胜利女神》雕像和达·芬奇的《蒙娜丽莎》。当然,也有人说,卢浮宫还有第四宝:现代主义建筑大师贝聿铭的杰作——玻璃金字塔。其实,除去世人所熟知的绝世珍品,卢浮宫有太多让人目眩神迷的藏品,那是一片能时刻让人屏住呼吸的艺术海洋。

　　卢浮宫位于巴黎塞纳河的北岸,是号称"美食之都""历史之城""创作重镇"的巴黎的心脏,是法国历史最悠久的王宫,先后有50位法国国王和王后在此居住。1793年8月,卢浮宫对外开放,成为公共博物馆。有人说始建于1204年的卢浮宫永远像一处华丽的"工地",800多年来一直在永无止境地扩建;它同时也像一块巨大的海绵,一直在"贪婪"地吞纳着来自世界各地的宝藏。确实,今天卢浮宫的整个建筑群和广场及草坪总占地面积450万平方米,展厅面积大约为13.8万平方米,其馆藏均是人类艺术的精华,是"人类文明发展的总索引"。目前卢浮宫共收藏着40多万件来自世界各国的艺术珍品,法国人将这些艺术珍品根据其来源地和种类分列在东方艺术馆、古希腊及古罗马艺术馆、古埃及艺术馆、珍宝馆、绘画馆及雕塑馆6大展馆中展出。每个馆藏都有其独特的艺术魅力和历史文化价值。其中绘画馆展品最多,占地面积最大。

　　东方艺术馆建于1881年,共有24个展厅,展出3 500件展品。这些展品主要来自亚洲西部和非洲北部,包括具有悠久历史和古老文明的叙利亚、黎巴嫩、巴基斯坦、伊朗等国。展品距今年代久远，如公元前2500年的雕像、公元前2270年的石刻、公元前2000年烧制的泥像等。其中带翅膀的牛身人面雄伟雕像最为有名，该雕像气宇轩昂，令人望之生畏，是力量和智慧的象征。在该馆的"东方古文博物馆"，来自两河流域的古巴比伦文明在此得到重现——《汉谟拉比法典》是世界上现存的古代第一部比较完整的成文法典，较为完整地继承了两河流域的法律精华，并使其得到发展。这部法典为研究古巴比伦社会经济关系和西亚法律史提供了珍贵的历史资料。

古埃及馆的建立时间比东方艺术馆还早，是1826年成立的，目前共有23个展厅，收藏有珍贵文物350件。这些文物不仅包括古代尼罗河西岸居民使用的服饰、装饰物、玩具、乐器等，还包括古埃及神庙的断墙、基门、木乃伊和公元前2600年的人头塑像等。

古希腊与古罗马艺术馆大约于1800年向公众开放，共有藏品7 000余件。该馆藏品以法国王室的收藏品为基础。法国大革命后，欧洲数国组成反法联盟，年轻的拿破仑率军大败意大利军队，之后截获了一批意大利的古代艺术品，并运回法国，安置在卢浮宫内。此后，法国继续源源不断地丰富该馆的收藏品。馆中雕塑占据了主导地位，雕塑中的"神品"《米洛的维纳斯》和《萨莫色雷斯岛的胜利女神》就在该馆展出。《米洛的维纳斯》是在希腊爱琴海的米洛斯岛出土的，雕刻的材质是帕洛斯岛的大理石，大约创作于公元前2世纪末。这尊雕塑高2.02米，姿态高雅，神情淡定，脸部轮廓匀称柔和，裸露的肌肤光滑，高贵优雅，虽然双臂缺失，但因此造成的缺陷美让人产生无限遐想。《萨莫色雷斯岛的胜利女神》同样是大理石材质，高约3.28米，约创作于公元前190年。雕像可能是希腊佐泽卡尼索斯群岛的最大岛屿——罗德岛的居民为纪念一场海战的胜利而献给众神的祭品。胜利女神的头和手臂皆已缺失，但观赏者不管从哪一个角度看，依然可以感受到胜利女神展翅欲飞的英姿。她的躯体丰腴、双翼雄健有力、身姿优美，虽缺了头部，却可以想象其欢悦的神情和凯旋的踌躇满志。此雕像的雕刻线条流畅精细，是古希腊雕塑中的杰作。

绘画馆共有35个展厅，2 200多件展品，其中2/3是法国画家的作品，1/3为外国画家的作品，14—19世纪各种画派的作品均有展出。卢浮宫绘画馆收藏的画作齐全、珍贵，是世界各大艺术馆中的翘楚。拉斐尔、达·芬奇的作品均有展出。雕像馆有展厅27个，展品1 000多件，多为表现宗教题材的作品。珍宝馆则有展品6 000多件，有重达137克拉的大钻石，有镶满宝石的王冠，还有镀金的圣母像、历代王朝王室的家具、装饰用具等，可以说，用"价值连城"也不足以形容其珍贵。

经历800多年风雨的卢浮宫，承载着上下数千年的人类文明的卢浮宫，不仅是法国的，更是世界的。走进卢浮宫，与历史交流，聆听文明的密语，是一件无比幸福的事情。

温馨提示

❶ 开放时间为 9:00-18:00，周三和周五开放至 21:45，周二、1 月 1 日、5 月 1 日和 12 月 25 日闭馆。

❷ 博物馆内禁止使用闪光灯、禁烟、禁食。

026

奥赛博物馆

废弃火车站改造而成的博物馆

将废弃多年的火车站改造成艺术殿堂，这本身就是一件伟大的创举，但在作为浪漫之都、艺术之都的巴黎，这似乎再寻常不过了。

关键词：废弃的火车站、印象画派、凡·高

国别：法国

位置：巴黎市塞纳河南岸

官网：www.musee-orsay.fr

🔴 博物馆内的雕像栩栩如生

　　有2 000多年历史的古都巴黎文化底蕴深厚，是一座神奇的城市，其浓厚的艺术氛围和骨子里的唯美浪漫举世无双。卢浮宫、奥赛博物馆、蓬皮杜文化艺术中心，是巴黎艺术文化发展史上的三部曲，无一不彰显着巴黎的艺术气质和艺术魅力。作为巴黎三大博物馆之一的奥赛博物馆，有"欧洲最美的博物馆"的美誉，专门收藏和展示1848—1914年的作品（卢浮宫主要收藏1848年前的作品，蓬皮杜文化艺术中心专注于收藏和展示1914年以后的艺术作品），在法国文化艺术史上可谓上承古典艺术，下启现代艺术，是完美联结卢浮宫和蓬皮杜文化艺术中心的中间地带。

　　众所周知，奥赛博物馆是由一个废弃的火车站改建而成的艺术馆。1978年，改建工程启动，耗资13亿法郎，8年后即1986年向公众开放。改造后的博物馆充分保留火车站的特色，将走道设计成展厅，将展馆高拱的顶棚覆盖以玻璃，再采用乳白色的主色调，使整栋建筑显得华美大气，富有艺术气息。奥赛博物馆现有展馆或陈列室80多个，实用面积5.7万多平方米，展览面积4.7万平方米，藏品4 700多件，涵盖了雕塑、绘画、手工艺品、建筑、摄影等多种艺术形式。博物馆按作品的年份和流派分3层展览：底层展出

🔴 奥塞博物馆坐落在风景优美的塞纳河南岸

1850—1870年的绘画、雕塑和装饰艺术品等；中层展出的是1870—1914年的艺术品；顶层集中展出印象画派的作品，是世界上收藏印象画派画作最集中的地方，被誉为印象主义画家的艺术殿堂。若以类别分，馆内拥有约2 300幅油画作品、1 500件雕塑、250幅粉画、1 100件手工艺品，其他书籍、资料、建筑模型若干件。凡·高、莫奈、塞尚、高更、罗丹、安格尔等名家荟萃，流派众多。

在奥赛博物馆内，后印象画派著名画家凡·高的作品展无疑是最能留住参观者脚步的，他的《自画像》《向日葵》《阿尔的教堂》，几乎完整地勾勒出凡·高内心沸腾的情感：激情、疯狂、火热乃至最后的绝望。印象画派的领导者莫奈是法国最重要的画家之一，《睡莲》是他晚年的作品，也是他一生中最重要的绘画主题；塞尚是法国后印象画派的主将，人称"现代绘画之父"。他的画作《静物洋葱》格调高雅，简洁和谐，清新安静，充分展现了塞尚"用色彩造型"的艺术特征；高更作为法国后印象派画家、雕塑家，与凡·高、塞尚并称为"后印象派三大巨匠"，对现当代绘画的发展有着非常深远的影响。他的《沙滩上的两个女人》，形式平实，色彩浓烈，将高更追求热烈、粗野的美感淋漓尽致地"裸露"了出来。罗丹是法国最杰出、最有影响的现实主义雕刻家，馆内展出的雕塑《地狱之门》就是他最伟大的作品，为了它，罗丹耗费了20年的光阴，雕塑了186个分别为情欲、恐惧、理想而不断争斗、折磨自己的形象。著名的《思想者》就源于《地狱之门》中的一个形象。

人类对美的追求没
有止境，对美的理解也
千差万别，所以，在不
同时代、不同艺术家的
画笔和雕刻刀下，便有
了群芳竞秀的作品和美
态。可同一时代总是有
趋同性，于是奥赛博物
馆便成了窥探19世纪艺
术的一个窗口，透过这
个窗口，19世纪艺术的
风格、审美、追求，尽
在其中。

❻ 博物馆内景一角

温馨提示

❶ 开放时间为 9:30-18:00，周四开放至 21:45，周一和 5 月 1 日、12 月 25 日闭馆。

❷ 票价为 14 欧元，但 18 岁以下免费；每月的第一个周日和法国国庆节即 7 月 14 日对
　公众免费开放。

027

蓬皮杜文化艺术中心

人称"炼油厂"的"文化工厂"

📍 **关键词**：设计新颖、艺术世界、
让人难忘

国别：法国

位置：巴黎市拉丁区北侧、塞纳河右
岸博堡大街

官网：www.centrepompidou.fr

法兰西人富有艺术情怀，总统也一样，总希望在自己的任期内于文化事业有所建树，比如乔治·让·蓬皮杜总统。蓬皮杜总统于1969年决定为活跃的当代思想提供一个交流与实践的艺术场所，这就是蓬皮杜文化艺术中心诞生的背景。蓬皮杜文化艺术中心于1972年正式动工，1977年建成，同年年初开馆，并以总统的名字命名，因艺术中心位于塞纳河右岸博堡大街，故又常被称为"博堡"。

蓬皮杜文化艺术中心诞生之初曾引发法国人民巨大的争议：这是一个由钢管和玻璃构建起来的庞然大物，外形突兀怪异，颜色斑驳扎眼，像极了一个正在施工的楼盘，或者说一个"炼油厂"，与传统意义上的文化艺术建筑大相径庭。新建筑设计新颖，节省空间，实用性强，深刻体现了工业与文化的完美结合。时间一久，便得到了法国人民的普遍认可。今天的艺术中心不仅名副其实，更是巴黎一大名胜景点，每天参观人数甚至超过了埃菲尔铁塔，居巴黎各大景点之首。

艺术中心占地面积7 500平方米，建筑面积10万平方米，地面上建筑共6层，每一层都是一个长166米、宽44.8米、高7米的巨大空间，没有内柱、没有固定墙面。艺术中心主要由4个部分构成：工业设计中心、

🔶 博物馆由钢管和玻璃组成的外观充满现代气息

公共参考图书馆、现代艺术博物馆以及音乐与声学协调研究所。一层是工业设计中心，介绍有关建筑、城建和设计的内容；二、三层是公共参考图书馆，四、五层是现代艺术馆，音乐与声学协调研究所则在地下，避免了噪声的干扰。艺术中心还设置了两个儿童乐园，一个是儿童图书馆，另一个是儿童工作室。公共参考图书馆不同于一般的旧式图书馆，馆内拥有大量的书籍、期刊、幻灯片、缩微胶卷、唱片、电影、录像、磁带、地图等，读者可以随意翻阅自由选择，或看书，或看电影，或听音乐，或学习语言。现代艺术博物馆主要收藏1914年以后的作品，以突出"现代"的主旨。博物馆是法兰西现代艺术的天地，这里收藏的主要是画作，约2 000幅，少量是雕塑。西方现代艺术流派很多，立体主义、达达主义、超现实主义、抽象主义等各流派的画作均有展出，从毕加索到杜尚，给参观者构建了一个反传统、非理性的艺术世界。

尽管参观蓬皮杜文化艺术中心的感受与卢浮宫、奥赛博物馆截然不同，明显少了些安静与肃穆。但艺术中心内宽敞的走廊、通透的玻璃、充足的阳光和让人费解的艺术品营造的氛围也极其让人难忘。行走在这个象征着现代巴黎的建筑中，体验巴黎文化的复兴，谁说不是一次惬意轻松的体验呢？

温馨提示

❶ 开放时间为 11:00-21:00，每周二及 5 月 1 日闭馆。

❷ 图书馆免费参观，展览须付费，票价根据时间和展览不同而相应变化，具体参看博物馆官网。

0028

下水道博物馆

地下金字塔般伟大的工程

法国大文豪、浪漫主义作家雨果曾在《悲惨世界》中写道：『下水道是一个城市的良心。』法国巴黎的下水道以博物馆的身份向世人交付了一份完美的答卷。

关键词：绝世工程、城下之城、排水系统

国别：法国

位置：巴黎市塞纳河阿尔玛大桥南桥墩处

官网：www.egouts.tenebres.eu

🔴 塞纳河南岸阿尔玛桥，法国下水道博物馆就在南桥墩拐角处

　　法国巴黎是世界上唯一拥有下水道博物馆的城市。将下水道开放为博物馆，供来自世界各地的游客参观，是勇气更是底气：巴黎的下水道系统，堪比埃及的金字塔，都是伟大的绝世工程。

　　巴黎作为历史悠久的文化名城，繁华、浪漫，是全世界艺术爱好者的"殿堂"，但巴黎还有一座"宫殿"，是典型的"城下之城"，那就是巴黎的下水道系统，它也是世界上唯一的下水道博物馆。博物馆位于地下50米，从1892年开始向游客开放，每年有超过

10万游客到此参观。

　　下水道博物馆位于塞纳河南岸阿尔玛桥南桥墩的拐角处，入口是一个环卫工人检修下水道的入口，寻常至极。游人沿着螺旋铁梯往下走，再经过一段窄窄的巷道，就来到了博物馆。巴黎的下水道修建于19世纪中期，系统管道总长约2 400千米，污水管道1 425千米，每天能排放120万立方米的污水。有一组数字可以辅助说明下水道的先进：6 000多个蓄水池、约2.6万个下水道盖、1 300多名专业维护工人……

　　历史上的巴黎下水道并不是一开始就享誉世界的。在很久以前，"脏、乱、差"是巴黎的另一张名片，老鼠才是下水道真正的主人。比如1370年的巴黎排水网络只是一小段由砖砌成的拱形下水道，今天人们所看到的四通八达的下水道，是经过几个世纪很多代人的努力发展而来的。特别值得提及的是，1850年，豪斯曼公爵出任塞纳河省省长，他不满巴黎地下排水系统的落后，决定携手工程师欧仁·贝尔格朗开始扩建巴黎的排水系统。经过他们数十年的努力，下水道才有了今天所看到的规模。

　　下水道博物馆主要通过图片、设备与真实的排水管道，介绍巴黎污水处理的历史、排水技术说明、饮用水来源等，直观、生动。正因为下水道博物馆的特殊性，才成为巴黎除埃菲尔铁塔、卢浮宫、凯旋门外的又一著名旅游项目。

温馨提示

❶ 开放时间为5月1日至9月30日11:00-17:00；10月1日至次年4月
30日11:00-16:00；每周四、周五闭馆，每年1月闭馆维护2周。
❷ 票价为4.4欧元。

格雷万蜡像馆

巴黎的过去与现在

用蜡像和场景记载历史无疑是极其大胆和奢侈的艺术呈现，因为足够独特，所以拥有十足吸引力。

关键词：蜡像、迷幻世界、巴黎全景剧场

国别：法国

位置：巴黎市第九区蒙马特大街10号

官网：www.grevin.com

🔴 著名演员乔治·克鲁尼蜡像

　　清光绪十六年（1890年），近代外交家、洋务运动的主要领导者之一的薛福成出使欧洲，参观了当时的蜡像馆，留下了一段关于蜡像馆的记载："光绪十六年春闰二月甲子，余游巴黎蜡人馆。见所制蜡人，悉仿生人，形体态度，发肤颜色，长短丰瘠，无不毕肖。自王公卿相以至工艺杂流，凡有名者，往往留像于馆。或立或卧，或坐或俯，或笑或哭，或饮或博，骤视之，无不惊为生人者。"由此可见法国蜡像工艺的高超和久远历史。借蜡像和场景将历史人物或历史事件定格，也是一个大胆和奢侈的创举，这个创举起源于18世纪末《高卢日报》的创办人阿赫蒂赫·梅耶。

　　在摄影技术还没有运用在报纸刊物上的时候，单纯的文字报道显得单调和平面，阿赫蒂赫·梅耶决定让《高卢日报》头版上的人物从文字的二维世界走向三维的立体世界。于是他和幽默漫画家、雕塑师、舞台服装设计师阿尔弗雷德·格雷万商议，决定投资建设一个蜡像馆，使人们能够在蜡像馆里看到当时著名的时事人物。因阿尔弗雷德·格雷万对蜡像馆的贡献卓著，故该馆最终以"格雷万"命名。蜡像馆于1882年6月开馆迎宾并获得巨大成功。1883年，大投资商加伯希艾乐·托马加盟蜡像馆，大大加速了蜡像馆的发展步伐。扩建装修后的新馆迎来一个崭新的时代：蜡像馆、幻影宫、剧场3大部分大大提升了该馆的艺术

🔵 蜡像馆内的迈克尔·杰克逊蜡像

性和可观赏性。

蜡像馆内有许多让参观者深深着迷的设计，比如幻影宫。幻影宫因曾经举办1900年的万国博览会而声名远播。在如梦如幻的幻影宫内，无数的灯光和镜子让游客宛如置身一个万花筒的迷幻世界，处处可以看见自己，个个是熟悉的自己，个个又是陌生的自己，非常有趣。蜡像馆内有数百个名人蜡像，根据名人的身份、职业放置在一个创设好的场景中，比如"巴黎全景剧场"。剧场装修豪华，人物身着晚礼服，似是在参加一个高雅的酒会。游客穿梭在剧场里，仿佛可以听见当年缭绕的音乐和人们细细的私语，宛若与名人处在同一时空，亲自参与他们的故事，甚至与他们把酒言欢。格雷万蜡像馆最有特色的内容自然是三维立体地展现法国本土的历史：路易十四与他的凡尔赛广场，亨利四世被谋杀的情景，圣女贞德遭受火刑的场面……法国历史上最跌宕起伏、新旧交替的历史被蜡像定格、凝固，成为最直观和生动的"历史教科书"。当然，参观蜡像馆自然不能错过与世界名人蜡像合影的机会，爱因斯坦、戴高乐、卓别林、教皇让·保罗二世、施瓦辛格，还有中国伟大领袖毛泽东以及中国改革开放的总设计师邓小平。

在一个有趣的地方重温有趣的人与事，想必是一件极有趣的事，格雷万蜡像馆无疑是一个好的选择。

温馨提示

❶ 开放时间为 10:00-18:30，夏季、节假日为 9:30-19:00。

❷ 票价为 24.5 欧元，6～14 岁优惠价 17.5 欧元。

030

卢米埃尔电影博物馆
说不完的光影故事

电影，人称"第七艺术"，是现代科技与艺术的结合体，是现代人精神食粮的重要组成部分。可是，当人们在电影院里津津有味地欣赏影片时，是否有人会记得电影的发明者、法国里昂的卢米埃尔兄弟呢？

关键词：电影艺术、活动影戏机、铭记
国别：法国

位置：里昂白苹果广场东南 3 千米处
官网：www.institut-lumiere.org

🔴 里昂旧城迷人夜色

里昂是法国第三大城市，是法国著名的文化和艺术中心，历史上也曾被冠以"发明之乡"的美誉，比如120多年前，就是里昂的卢米埃尔兄弟发明了一种新的艺术形式——电影。后人为了纪念这两位电影发展史上的伟大人物，1982年将卢米埃尔兄弟的故居改造成可供参观的电影博物馆，这也是世界上第一家电影博物馆。

说到电影博物馆，不能不提及卢米埃尔兄弟的生平和他们对电影艺术的贡献。卢米

埃尔兄弟的父亲是一位照相器材制造商，兄弟俩在里昂的技术学校毕业之后就跟随父亲一起经营生产照相器材的工厂。或许是出于对发明创造的狂热，兄弟俩在1894年发明了一台较为灵活轻便且功能完善的"活动影戏机"——世界上第一台既能摄影又能放映和洗印的机器。同年8月，卢米埃尔兄弟就用这台机器拍摄了世界上第一部电影短片《卢米埃尔工厂的大门》。1895年3月，卢米埃尔兄弟将影片带到巴黎，在巴黎的雷恩路44号给出席法国工业促进会的代表们放映此影片，成功获得了拍摄电影和放映电影的专利。1895年12月28日，兄弟俩首次在巴黎卡普辛路14号大咖啡馆地下室公开售票，向公众放映《卢米埃尔工厂的大门》，虽然当时的观众只有30余人，但这一天却是电影发展史上最值得铭记的一天——电影的诞生日。此后，卢米埃尔兄弟陆续拍摄了许多影片，家庭的、劳动的、自然风光的、时政纪录的，种类多样；另外，他们还进行了有声电影的探索。

卢米埃尔兄弟对电影发展的贡献均被记录在电影博物馆里：博物馆的展厅内妥善保管着曾经拍摄出世界上第一部短片的"活动影戏机"，循环放映着卢米埃尔兄弟拍摄的影片，陈列着当年卢米埃尔工厂和巴黎大咖啡馆的模型，这些都是电影发展史上里程碑式的大事；展厅四周还陈列着各种早期摄影器材。

6 卢米埃尔电影博物馆的标志

　　时光如流水，电影的发展日新月异，除了题材多种多样，拍摄手法、拍摄器材、拍摄理念都"一日千里"，但不管电影的发展步伐有多快，究竟能走多远，电影的历史始终会铭记：电影是在里昂诞生的，电影的发明者和创造者是卢米埃尔兄弟，"卢米埃尔"在法语里是光的意思！这是多么有意思的巧合！

031

国家自然历史博物馆

科学高峰的殿堂

开创性地将博物馆经营成科学、文化和教育的工具，这是法国国家自然历史博物馆的特色。

关键词：世界顶尖、目不暇接、涵盖广博

国别：法国

位置：巴黎市第五区

官网：www.mnhn.fr

国家自然历史博物馆外景

　　占地面积达0.22平方千米，起源于法国波旁王朝路易十三的皇家花园，汇聚了世界上最丰富、最罕见的动植物和矿物标本，人称科学高峰的殿堂……是的，这就是法国国家自然历史博物馆的配置，但不足以揭示博物馆的科学秘密，唯有靠近它，走进它，才能感受它的魅力。

　　1793年6月10日，法兰西第一共和国时期，国会通过了一项建立国家自然历史博物馆的决议，目的是将皇家园林改建成传播知识、收集藏品和进行科研活动的场所。此后，国家自然历史博物馆不断发展，藏品不断增多、馆区不断扩容、建筑不断翻新，并于1935年对外开放。时至今日，国家自然历史博物馆已经成为世界顶级博物馆，在文化教育领域享有盛誉。

　　博物馆由众多展览馆组成，如古生物馆和比较解剖馆、矿物馆、古植物馆和昆虫馆、人类馆、进化大展馆等，博物馆还设有植物园和动物园，它们也是国家自然历史博物馆的组成部分。古生物馆陈列了大量的无脊椎动物和脊椎动物的化石，包括恐龙的化石、大型哺乳动物的化石等，各种化石让人目不暇接。各种不同地质时代的动物化石的

第三章 法兰西的荣光

◎ 博物馆内丰富的陈列

陈列清清楚楚地告诉游客，这6亿年来，地球上的生命是如何发展演变的。不能不说，这是一本打开着的生命演化的教科书。古生物馆内还有两副来自遥远中国的蒙古野驴骨架和披毛犀骨架，它们均来自鄂尔多斯高原南部的萨拉乌苏。

　　进化大展馆是博物馆中最吸引人的地方，前身是19世纪的动物馆。馆内有6 000平方米的永久性陈列，展览主题为生命的进化。该馆陈列由3部分组成：生物界的多样性、地球历史上的生命演化和人类活动对环境的影响。该馆主要是通过实物展示和影像资料等阐明生命进化的科学主题。馆内陈列的标本中有大量灭绝和濒临灭绝的物种的标本，它们时时刻刻在警醒着人类：这是人类对生命世界造成的无法挽回的错误。

　　游客除了在古生物馆和进化大展馆内大开眼界，也可以参观拥有超过60万件矿物标本的矿物馆；还可以在古植物馆追溯地球上植物的起源和发展史，欣赏昆虫馆里1 500多件色彩斑斓的蝴蝶标本。如果对人类的发展进化感兴趣，人类馆可以满足你的好奇心。又或者想呼吸新鲜的空气，感受生命的蓬勃生机，博物馆内的植物园和动物园也是不错的选

◎ 博物馆展出的远古动物骨骼

择，动物园是世界上最古老的动物园，园里的显微动物园很奇特，可以观察到肉眼察觉不到的生物世界；植物园培植了许多来自世界其他国家的植物，不管是休息还是学习，都是绝佳的场所。

　　如果说非要用简单的语言来概括法国国家自然历史博物馆的魅力，无非就是海量的收藏、涵盖广博的学科、尖端科学教育的殿堂、世界科研工作者向往的地方……但对于普通游客而言，行走着，充实着，就已经足够。

温馨提示

❶ 开放时间为 10:00—18:00，每周二、5 月 1 日、12 月 25 日和 1 月 1 日闭馆。
❷ 进化大展馆票价为 7 欧元。

032

国际香水博物馆

全球的芬芳胜地

关键词：香水之都、举世闻名、极为罕见

国别：法国

位置：格拉斯城区芬芳广场

官网：www.ville-grasse.fr

关于香奈儿5号，有一个家喻户晓的故事，美国记者问美国性感巨星玛丽莲·梦露："您穿什么睡衣入睡？"梦露回答："我只穿着香奈儿5号入梦。"香奈儿5号，就出产于法国著名的"香水之都"格拉斯。

🜔 馆内展出的香水

　　香水，因其气味持久芬芳而迷人。世界上最早使用和发明香水的国家是古埃及，早在5 000年前，古埃及就有了使用香水的记载。从古埃及到古希腊、古罗马再到意大利和法国，西方制作和使用香水的历史悠久，但将香水"做大做强"并成就了一个城市的香水事业，就非法国的"香水之都"格拉斯莫属了。

　　格拉斯位于法国南部，是一座高山之中的小城，这里阳光充沛、气候温暖、繁花盛开，随处可见的薰衣草、玫瑰、茉莉都是制作香水的天然原料。这座因香水工业和香水贸易而繁荣的城镇是欧洲人心目中的香水胜地，著名的香奈儿5号就是从这座小城走向国际，成了性感的代名词。

　　为了保存法国享有盛名的香水工业和促进本国香水工业在国际上的发展，1983年格拉斯国际香水博物馆成立并对公众开放，2004年博物馆闭馆修整，2008年博物馆再次开放的时候，馆区面积达到了3 000平方米，藏品比以往也丰富了许多。在博物馆内，有许多不同时期与香水有关的香料和器物，更有各种不同品牌的香水，林林总总，让人眼花缭乱，几乎要让人迷失在香水的芬芳世界里。在这里，不仅可以了解香水历史的发展脉络，更可以一饱眼福：因为许多举世闻名但极为罕见的香水有可能就在你眼皮底下。目前，博物馆内共有藏品5万件，包括法国历史上唯一被处死的国王路易十六的王后曾经用过的旅行箱。

🔊 格拉斯小镇夜景

　　徜徉在世界著名的香水胜地无疑是心情愉悦的，带着一身的香气从博物馆出来之后或许已经对香水产生了强烈的占有欲。博物馆的商店可以满足游客对香水的不同需求，调香师可以为游客打造个人专属的香水，这样的诱惑，应该是很多人都难以拒绝的！

　　从国际香水博物馆出来，如果意犹未尽，可以再到香水工厂花宫娜走走，看看香水的生产过程：工人在摘取新鲜的花朵，机器在轰隆隆地运作，各种香水瓶在工人手里晃动……小城诚意满满地用数百年的努力去满足人类对美的追求。玛丽莲·梦露可以穿着香奈儿5号入梦，倾情演绎一代尤物的香艳；而芸芸众生，也可以在香水里寻找一点愉悦、一点自信、一点优雅，这也算是对自己人生魅力的成全吧！

温馨提示

❶ 开放时间为5月2日至9月30日10:00-19:00，周六延至21:00；10月1日至次年4月30日11:00-18:00；每周二和12月25日、1月1日、5月1日、11月12日至11月30日闭馆。

❷ 根据展览的内容付费参观，冬季每月的第一个周日免费参观。

法国是全世界公认的葡萄酒生产大国，波尔多、朗格多克、勃艮第都是法国著名的葡萄酒产区。在这个具有悠久葡萄酒历史的国家里，怎么少得了葡萄酒博物馆呢？

巴黎葡萄酒博物馆

浪漫的芳醇之旅

关键词：葡萄酒文化、葡萄酒
酿制、
国别：法国

位置：巴黎市十六区查尔斯·狄更
斯广场
官网：www.museeduvinparis.com

💧 葡萄酒博物馆造型奇特

人类酿制和饮用葡萄酒的历史可以追溯到新石器时代，法国葡萄酒的历史则起源于1世纪古罗马帝国军队征服高卢（今法国）时带去的葡萄种植和酿酒技艺。葡萄酒行业有一句俗话叫"七分葡萄，三分酿造"，因气候和土壤的缘故，葡萄种植和葡萄酒酿造在法国传播并传承了下来，成为法国经济和文化中离不开的话题。

第三章　法兰西的荣光

103

法国人不仅种葡萄、酿制葡萄酒，也深深沉迷在葡萄酒营造的芳醇甜蜜的氛围中。法国大餐虽然举世闻名，但如果少了葡萄酒佐餐，恐怕失色不少。所以，葡萄酒不仅仅储藏在酒窖里，也流淌在法国人的血液里。巴黎葡萄酒博物馆就是法国人与葡萄酒浪漫情缘的见证。

位于巴黎第十六区、埃菲尔铁塔对面的巴黎葡萄酒博物馆就是领略法国葡萄酒文化的好去处。博物馆成立于1984年，是法国斟酒协会保护和宣传法国葡萄酒的举措之一。博物馆所在地原是一所创建于1492年、与葡萄酒渊源颇深的修道院。修道院在法国大革命时被毁，直至1950年重建，1984年开放为葡萄酒博物馆。

博物馆内陈列了许多与葡萄酒相关的图片、文字说明和实用器物，如采摘葡萄的工具、酿造和装运葡萄酒的设备、品尝葡萄酒的各种酒杯、开酒器、醒酒容器等，系统介绍了与葡萄种植、酿造、储藏和品评等内容相关的葡萄酒文化。虽然图片和文字说明有些已经泛黄，许多劳动工具也锈迹斑斑，但大到葡萄园里的农具，小到酒桌上的水晶酒杯，都充满了浓厚的葡萄酒文化气息，从葡萄的种植、收获，到葡萄酒的酿制，甚至是劳动者的辛劳和用心，全都在一瓶一盏、一把铁锹或一个开酒器中流溢了出来。博物馆里还创设了许多酿制葡萄酒的场景，给游览者提供了直观生动的葡萄酒酿制知识。

博物馆的装饰内敛低调，粗粝石灰岩的墙壁，内部空间不开阔，馆内灯光也不甚明亮，但都带着时光的印记，可以让游览者在一个酒窖般的空间里好好品味专属于葡萄酒的气息。

博物馆内还开设有餐厅，厨师和侍酒师都很出色，法国传统菜、奶酪和葡萄酒都是不容错过的享受。当然，博物馆里的葡萄酒种类多，口感各异，如果愿意，可以多品尝几种。这注定是一场让人满意的葡萄酒文化之旅！

温馨提示

❶ 开放时间为周二至周六 10:00-18:00，每周一、1月1日、12月25日闭馆。
❷ 博物馆有中文讲解器，个别内容参观收费。

🍷 馆内展出的葡萄酒

第四章

德意志
的
骄傲

德国是一个"诗与思想家的国度"，但在浪漫和诗意之余，德国人从来不缺乏理性缜密的思维和奔腾的热血：从集科技之大成的德意志博物馆到人类文化的艺术长廊博物馆岛，从充满男性魅力的足球博物馆到汽车爱好者的天堂奔驰博物馆，德国人用各种类型的博物馆诠释了日耳曼民族的优秀。

034

柏林博物馆岛

人类文化艺术的长廊

博物馆岛上的建筑群是一处独特的文化遗产，是德国博物馆中的精华，是人类文明的结晶。

关键词：世界文化遗产、最美半身像、印象画派

国别：德国

位置：柏林市中心，施普雷河中央

官网：www.museumsinsel-berlin.de

🌢 柏林博物馆岛矗立在施普雷河中央

　　中国现代诗人、散文家朱自清曾经游历柏林，并留下了这样的文字："柏林重要的博物院集中在司勃来河中一个小洲上，这就叫作博物院洲……洲上总共7个博物馆，6个是通连着的。最奇伟的是勃嘉蒙与近东古迹两个。"文中的"司勃来河"和"勃嘉蒙"即施普雷河和佩加蒙博物馆，这两个词语都一致指向柏林博物馆岛。

1999年，位于柏林市中心的柏林博物馆岛被联合国教科文组织列入《世界遗产名录》，岛上共有5座博物馆：柏林老博物馆、新博物馆、国家美术馆、博德博物馆及佩加蒙博物馆。5座博物馆各具特色，有的是世界上最受欢迎的博物馆，也有的是世界上历史最悠久的博物馆，但都是德国博物馆中的精华，珍藏着古希腊、古罗马、古埃及、古巴比伦、拜占庭等不同时代的艺术珍品，是人类6 000年瑰宝继续绽放光彩的超级宝库。

佩加蒙博物馆将在后面另文阐述，故这里无须赘言。其他几个博物馆尤其是柏林博物馆是游博物馆岛不能不提及的重点。柏林老博物馆是欧洲近代最负盛名的博物馆之一，其古典主义的建筑风格是该风格建筑代表和建筑师职业生涯的巅峰。老馆收藏的主要是古希腊和古罗马的文物，其中石雕、陶雕、青铜器、金银器、壁画，都是价值极高的艺术品。柏林博物馆新馆始建于1841年，建筑设计师弗里德里希·奥古斯特·施蒂勒是负责老馆设计的德国著名建筑设计师卡尔·申克尔的学生。新馆的建筑风格属于新古典主义，主要是收藏古埃及的文物，其镇馆之宝是奈费尔提蒂的半身像，奈费尔提蒂是著名法老图坦卡蒙的母亲，是古埃及最美丽的王后和第一任女王。"奈费尔提蒂"是古埃及语"一个美人正走过来"的意思。这尊3 300年前的塑像到今日依旧颜色鲜艳，容貌动人，高贵威严，故人送称号——"最美半身像"。

国家美术馆展览的主要是德国19世纪的绘画和雕塑作品，德国绘画大师菲德烈，欧洲最重要的艺术家之一、德国最重要的画家门采尔，德国现实主义画家莱布尔和瑞士画家勃克林，他们的代表作品是美术馆的镇馆之宝。此外，馆内还藏有法国印象派大师马奈、莫奈、雷诺阿、塞尚等人的名作，也算是印象画派的聚集地了。如果能在馆内转上一圈，可以说是享受了一场19世纪的艺术盛宴。

博德博物馆兴建于1897—1904年，2006年修缮后再次开馆。博物馆原名腓特烈皇帝博物馆，1956年，民主德国政府将其更名为博德博物馆，以纪念艺术史学家、博物馆学的开创者博德。馆内藏品主要有1 700多件雕塑、拜占庭艺术品和大量钱币，是德国乃至世界古代雕塑雕刻最重要和最大的收藏地之一，同时也是世界上最重要的钱币收藏地之一。馆内拜占庭艺术品主要来自3—15世纪西罗马和拜占庭帝国的艺术作品。

纵览博物馆岛上的5座博物馆，虽然其建筑风格各异，但又协调统一；虽然馆内藏品多寡不一，但各具魅力；虽然藏品来自不同的时间和地点，但都是人类文明史上的瑰宝，6 000年的华彩尽在一岛之上。

温馨提示

❶ 岛上 5 个博物馆统一开放时间为 10:00-18:00，周四延长至 20:00，周一闭馆。

❷ 参观岛上 5 个博物馆可购买联票，18 岁以下可免费参观。

035

德意志博物馆

德国科技发展史的集大成者

关键词：理工、科学的圣殿、智慧的结晶

国别：德国

位置：慕尼黑伊萨尔河中的一个岛上

官网：www.deutsches-museum.de

◉ 博物馆内展出的经典飞机

　　德国是世界上经济最发达的国家之一，提及德国制造，无人不折服于其质量和科技含量。确实，德国教育体系中的理科和工科专业在国际上享有盛誉，许多学科都是世界一流的水平。如果走进德意志博物馆，当知这一切绝非偶然。

　　德意志博物馆位于慕尼黑伊萨尔河中的一个岛上，始建于1903年6月，展馆总面积2.8万平方米，藏品约5万件，涉及50多个科技领域，涵盖物理、化学、农业、资源、矿业、冶金、金属加工、动力机械、汽车、铁道、隧道工程、公路与桥梁、水利、电力、通信、船舶、航空和宇宙飞行、化工、玻璃工艺、纺织、计量、乐器、摄影、印刷等内容，分50个展馆展出，参观路线达16千米，是世界上最大的科技博物馆之一，也是世界最早的科技博物馆之一。

　　在许多爱好理工科学的游客眼里，德意志博物馆就是科学的圣殿，这里所展示的一切，就是一部人类的科技发展史，展现了人类科技从萌芽到成熟的各个阶段的状态，比如对动力的展示，从农耕时代的畜力、风力、水力到工业时代的蒸汽、电力，从风力机械、水利机械到热气机械，博物馆展示的是整个动力的发展历程，是人类从认识自然、利用自然到征服自然的过程。这些实物的展示，远比文字的描述要生动形象和有说服

● 德意志博物馆矗立在蓝天下，壮观雄伟

力。运输工具的展示也一样，从雪橇、小船、马车、牛车、帆船到蒸汽机车、汽船、汽车、飞机等，人类的活动范围越来越广阔，从陆地到海洋再到天空，甚至后来还进入了外太空……这些都在博物馆中一一记录，真实地展示在世人面前。站在展品面前，人们会感到自豪和骄傲，为这些人类智慧的结晶而感动。

博物馆面积很大，展品数量很多，就算参观一天也只是走马观花。如果是亲子游，不妨去天文馆看看，它以拥有高质量镜头和精密光学仪器而闻名；如果对德国历史上著名的科学家、发明家的故事感兴趣，不妨到"荣誉厅"去看看，没有科学家或发明家的不屈不挠、呕心沥血，人类前进的步伐估计会慢很多；如果对近代科学之父——伽利略有好感，就去参观"伽利略车间"吧，近代科学从实验开始不是一句玩笑话；如果对基础设施建设感兴趣，就停留在一楼展厅细细体味，隧道建设、水利建设、桥梁建设、微缩铁路，让人流连忘返；如果对武器感兴趣，可以去参观"一战"和"二战"时期德国建造的潜水艇……

人类的智慧是无穷的，德意志博物馆用上天入地、上山下海的实物证实了这一切。这里，应该是人类为自己点赞的地方！

第四章　德意志的骄傲

温馨提示

❶ 开放时间为 9:00-17:00，开放时间会根据季节和月份做调整，建议参观之前先上官网了解一下。

❷ 票价为 11 欧元，但票价会根据季节和月份波动，建议参观前先上官网了解具体情况。

036

德国足球博物馆

充满男性魅力的博物馆

关键词：德国战车、魔鬼主场、
　　　　球迷的"朝圣之地"

国别：德国

位置：多特蒙德中央火车站对面

官网：www.fussballmuseum.de

● 2012 年欧洲杯德国队阵容

德国国家队在现代足球发展史上的战绩确实可观，这支被誉为世界上最有名及最成功的国家足球队之一的"德国战车"，曾是唯一一个包揽男女足世界杯冠军的国家足球队：德国男足曾于1954年、1974年、1990年、2014年4次夺得世界杯冠军，仅次于巴西的5次；德国女足曾在2003年、2007年两次夺得女足世界杯的冠军。值得一提的是，德国队从1954年开始就从未缺席过世界杯决赛圈的比赛。这样的荣耀，非铁血德国难以创造。所以，创建一座博物馆来铭记曾经的辉煌和激励明日的绿茵场上的"战士"，显得非常有必要。其实，足球博物馆的创建，应该从2006年说起。

2006年世界杯，德国队主场对阵意大利，错失最终决赛，这对德国人和德国球迷而言，都是难以释怀的遗憾。但也因为德国成功举办了这一届的世界杯，促使德国足协决定以一种永久性的仪式来展现德国足球和足球文化，为有着140年历史的德国足球运动建立一座永久的家园。以"我们是足球"为主题的德国足球博物馆位于素有欧洲"魔鬼主场"之称的足球城多特蒙德市，占地面积达7 700平方米，耗资3 600万欧元，2015年10月25日正式开放，每年接待游客约27万，是德国球迷的"朝圣之地"。

博物馆的建筑设计十分有特色：自由悬浮的主体建筑与连续开阔的公共空间和底

● 德国足球博物馆在灯光的映衬下更加恢宏大气

座，建筑的外立面则是代表着动感和热情的足球。博物馆的前厅是一个悬挑的大空间，是城市空间的延伸，售票处和球迷商店就在此处。二楼是展厅，采用一种戏剧化的手法设计了一场足球赛去呈现德国足球的历史和辉煌："赛前""开球""上半场""中场休息""下半场""补时"，非常新颖且富有创造性。在整个展区，有许许多多令球迷记忆深刻和深深着迷的物品：1954年德国的决赛用球、1954年德国世界杯的参赛队员和德国球迷的图片、德国足球历史长河里荣获的各种奖杯（包括雷米特杯、大力神杯、德劳内杯）、女足的发展史和奖杯、球员的私人物件、比赛时的战术板、俱乐部的主题纪念品，甚至还有国家队的专用大巴⋯⋯展区内约1 600件与足球有关的实物，对球迷而言无疑有着非凡的吸引力。

德国国家足球队之所以吸引人，主要在于德国球员顽强的意志力、强壮的体格和他们理性的足球思维。德国足球博物馆就是德国国家足球队魅力汇聚的地方，在这里，游客所能体验到的不仅仅是一项运动的历史文化，更是一个民族的个性和价值取向。

温馨提示

❶ 开放时间为周二至周日 10:00-18:00，周一闭馆。

❷ 成人参观费用为 17 欧元，儿童与学生为 14 欧元，官网订票有优惠。

037

德国历史博物馆

向德国历史的纵深探索

关键词：和平与战争、波澜
壮阔、发人深省

国别：德国

位置：柏林菩提树下大街

官网：www.dhm.de

🔾 由美籍华人贝聿铭设计的德国历史博物馆

如果说德意志博物馆是德国人为自己"点赞"的地方，那历史博物馆则是德国人正视国家与民族兴衰荣辱、躬身自省的好去处。

　　德国历史博物馆成立于1987年，这一年刚好是德国首都柏林建城750周年。博物馆由两部分组成，一部分是创建于1695年的巴洛克式建筑——军械库，另一部分是由世界著名建筑大师贝聿铭先生设计并于2004年建成的新馆。博物馆的宗旨是向参观者展示德国从孕育初期直至现代的历史。

　　军械库是永久展览区，展区主题是"2 000年德国历史的图像和见证"，主要展出德国的历史和文化。军械库展区面积约7 500平方米，展出8 000多件展品，展品从中世纪的手抄本到土耳其包围维也纳时用过的帐篷，再到民主德国的战车，都是记录真实历史的原物展出，也是历史"不会说话的证人"。游客身处历史文物的海洋里，可以目睹德国历史的发展历程，包括世界大背景之下的德国和德国眼中的欧洲与世界。2 000年的德国历史，可谓跌宕起伏，其跌倒与奋起、荣誉和耻辱、和平与战争，波澜壮阔，发人深省。为了便于游客参观，展区内配置有先进的多媒体设施，力求为游客创建一个舒适的参观环境。

　　新馆的建筑风格与军械库和城市的整体风格相协调。新馆占地面积约2 700平方米，共4层，主要是举办各种主题展览。曾经举办的主题展览有"战争与和平"，让游客置身于实物创设的环境中，让历史重现，让世人反省，让历史不再重演，可谓意义深刻。

2016年还展出了"大屠杀的艺术"，50位大屠杀时期的艺术家将其在躲藏、逃避、亡命时创作的作品一一展出，揭露一个时代的悲剧和野蛮。虽然许多艺术家已经罹难，但他们所见所闻皆通过作品去呈现，展示的不仅仅是艺术家的艺术修养和个人良知，更是一段人类不可忘却的历史，是正义的呼唤，是警世的钟声。

博物馆的意义在于铭记、研究、教育、警示，德国历史博物馆的意义或许就是如此吧！

温馨提示

❶ 开放时间为 10:00-18:00，12 月 24 日、12 月 25 日闭馆。

❷ 票价为 8 欧元，18 岁以下免费。

佩加蒙博物馆

复原遗址与维护文物的楷模

📍 **关键词**：佩加蒙祭坛、伊什塔尔 **位置**：柏林博物馆岛
城门、 阿勒坡房间 **官网**：www.smb.museum
国别：德国

佩加蒙位于土耳其西海岸，即今天土耳其的贝尔加马，曾经是一个独立的小国家，是希腊地区的经济和文化中心，创造了辉煌灿烂的雕塑艺术。千百年过去，繁华如逝水，留下一座佩加蒙祭坛在异国他乡供世人参观。

佩加蒙博物馆位于德国柏林博物馆岛，是为收藏佩加蒙祭坛而量身建造的博物馆。佩加蒙祭坛又称宙斯祭坛，建于公元前180年至公元前160年，是雕刻艺术中精妙绝伦的佳品。佩加蒙祭坛的发现有些偶然，1871年，一名德国工程师在佩加蒙工作时发现了几块古建筑碎片并将其送至柏林博物馆进行鉴定。柏林博物馆决定支持工程师在佩加蒙进行挖掘和考古。挖掘期间，工作者在征得土耳其政府同意后，陆续将考古文物运回柏林，并从1909年开始建造一座博物馆来专门安置文物。1930年博物馆修建工作结束，并正式对外开放。

博物馆整体上可以分为3部分：古典收藏馆、伊斯兰艺术馆和西亚细亚馆。古典收藏馆中最著名的藏品当然就是佩加蒙祭坛。修复后的佩加蒙祭坛长约35.64米，宽33.4米，高12米，祭坛基座还有一幅精美的浮雕，长120米，雕刻的是奥林匹斯众神与巨人们的战争。这座祭坛，可以说是将当年的祭坛"平移"到了博物馆，其带给游客的震撼可想而知。这么庞大、繁杂的工作背后，是德国对复原、维护古文物所呈现出来的专业和细致缜密，不得不让人佩服。

西亚细亚馆最著名的藏品是伊什塔尔城门和行进大道。

🔴 博物馆内游人如梭

博物馆内的釉面砖狮子浮雕

　　伊什塔尔城门是古巴比伦城的北门，高14米，宽30米，气势宏伟无比，是建造空中花园的古巴比伦国王在公元前6世纪初下令修建并献给女神伊什塔尔的城门，是古巴比伦城墙的一部分。城门外墙还装饰着彩色琉璃砖拼砌成的牛和龙的浮雕，显得精美奢华。行进大道是为国王进行祭祀活动修建的，原20米宽，250米长，大道两旁的墙上还有120只釉面砖浮雕狮子一字排开。博物馆内复原的大道要小一些，浮雕狮子只有30多只，但也不失壮观。

　　伊斯兰艺术馆则藏有来自约旦8世纪的姆沙塔浮雕立面、17世纪的阿勒坡房间和8—9世纪的伊斯兰世界艺术和工艺美术，都是伊斯兰文化宝藏，是难得的珍品。

　　虽然博物馆内的藏品都来自德国以外的国家，但没人会否认德国为保护古文物所做出的努力和贡献，毕竟，不管是佩加蒙祭坛、伊什塔尔城门还是行进大道，又或者是姆沙塔浮雕、阿勒坡房间，它们都属于全人类，是人类智慧的结晶，理应得到善待和保护。

温馨提示

❶ 开放时间为 10:00-18:00，周四闭馆时间延至 21:00。

❷ 付费参观，具体票价可上网查询。

❸ 馆内有中文解说器可以租借。

第四章　德意志的骄傲

森根堡自然博物馆

一日看尽沧海桑田

一种热爱科学的精神，一座与慈善家、文学家、哲学家渊源深厚的博物馆，一所德国人进行自然科学教育的启蒙学校，它的名字是德国森根堡自然博物馆。

关键词：举世皆知、科学精神、心驰神往

国别：德国

位置：法兰克福市

官网：www.senckenberg.de

德国对科技的贡献举世皆知，伟大的物理学家爱因斯坦，著名数学家、物理学家、天文学家、大地测量学家高斯，量子物理学家普朗克，都是世界科学界的泰山北斗，但在他们之前或者之后，还有无数德国籍科学家站在科学发展的前列，发扬着德国式的智慧和科学精神。究其原因，德国取得的伟大科学成就与德国的教育体系和教育方式有关，但更重要的原因应该是一直流淌在德国人血液里对于科学的尊重。如果非要找到一个有力的实证，那无疑就是森根堡自然博物馆。

位于法兰克福市的森根堡自然博物馆是德国最大的自然科学博物馆，也是世界上最大的自然科学博物馆之一，在世界博物馆中享有盛誉。森根堡自然博物馆起源于一位富有科学精神的慈善家森根堡先生的遗产捐赠。1763年，森根堡先生捐赠其遗产成立了森根堡基金。后来的100多年间，从基金会成立到1817年森根堡自然研究协会成立，再到1821年公共自然博物标本室成立、1904年森根堡自然博物馆开工、1907年博物馆建成，前后共花费了近150年的时间。这近150年的时间里，先后有大文豪歌德、哲学家黑格尔等许许多多的德国人为博物馆做出了巨大的努力和贡献。从森根堡自然博物馆的发展历程来看，除了各种珍贵的藏品，德国人对于科学的执着追

🔴 森根堡自然博物馆展出的地球生物进化的照片

求和热爱并能为科学献身的精神才是森根堡自然博物馆最宝贵的财富。

　　博物馆拥有丰富的藏品，数百万件动植物标本、古生物化石标本、矿物岩石标本在德国人科学理性的设计布展中向游客展示了40亿年来地球的变迁和各种生命形态的演化。在海量的藏品中，古生物标本种类丰富，有古鱼类、恐龙、鱼龙、始祖鸟、哺乳动物等，其中恐龙化石收藏量和鸟类标本的数量在欧洲均居于前列。博物馆的布展方式充分体现了德国人理性和科学的思维，比如在象类展馆，以古象的臼齿化石为实证反映象类的起源和演化关系，然后以象类化石为依据，形象绘制出象类在地球上的发展、散布和演化过程。这样细致周全且富有纵深感的布局给游客提供了形象生动和直观的参观体验，大大提升了参观带来的学习效果。此外，馆内还设置了许多计算机信息点，参观者可以根据自己的需要选择辅助工具，借用现代技术获取足够多的相关知识。博物馆内展馆的分类很明确，哺乳类展厅、昆虫鸟类展厅、海洋生物类展厅等，游客可以目的明确、有条不紊地进行参观，提升参观学习的效率。

🔴 博物馆外以假乱真的恐龙塑像

　　森根堡自然博物馆固然是令全世界游客心驰神往的科学殿堂，但它首先是德国人进行普及自然科学知识的启蒙学校。博物馆专门设计了针对中小学生的博物馆教育计划，让走进自然博物馆学习成为中小学生的一门必修课，所以，森根堡自然博物馆的参观主体无疑是本国的中小学生。从这一点来看，德国科学发展站在世界前列的谜底应该是找到了。

柯伦巴艺术博物馆

基督文明的养护王国

这是一座隐匿在闹市里的博物馆，是充分运用现代躯体呵护文明遗址和历史尊严的典范。

关键词：祖索尔、古今交会、文化遗存、明心见性

国别：德国

位置：科隆圣柯伦巴大教堂遗址上

官网：www.kolumba.de

🅖 柯伦巴艺术博物馆宏伟壮观

柯伦巴艺术博物馆毗邻科隆大教堂，不过，但凡来造访的，都是建筑和艺术的爱好者，是博物馆真正的"知音"。

这是一座建造在拥有2 000多年历史的哥特式教堂遗址上的博物馆，是保存科隆罗马教区基督文明的一项重大举措。博物馆的设计师是瑞士著名的建筑学院教授彼得·祖索尔。祖索尔花费了10年的光景直至2007年9月才完成博物馆的设计和建造工程。这座拥有6 200平方米总建筑面积的灰色博物馆虽然外观现代化，但能小心翼翼并巧妙地用灰砖融合旧教堂的残垣断壁，让文明的沧桑置于现代化手段的保护之下，继续向世人祖露千年的文明。祖索尔还别具匠心地将罗马、中世纪的石头废墟和"废墟中的圣母玛利亚"小教堂等历史残留包裹进巨大的建筑内部，并在建筑墙体上做成墙洞，让阳光可以透进建筑体内部，营造出一种古今交会、光影斑驳却又安宁祥和、让人明心见性的教堂式环境。无怪乎有人认为这是一座"能让人反思的博物馆"。

博物馆分3层，一层的空间划分成门厅、衣帽间、内院、考古大厅、原圣器室、"废

🔵 莱茵河畔的科隆大教堂，柯伦巴艺术博物馆就坐落于此

墟中的圣母玛利亚"小教堂和教堂前厅。值得逗留的当然是"废墟中的圣母玛利亚"小教堂和面积达800平方米的考古大厅。特别是考古大厅，双层漏明墙能很好透风采光并减少风带来的负荷，厅内的细圆柱撑起了12米高的大厅。大厅挑高幽深，光影细密斑驳，游客身在其中，宛若进入了中世纪的深邃里，连呼吸都会变得轻盈起来。在这样的空间中，也会让纷乱的思绪缓缓沉静下来。二层和三层是展厅、珍品室、阅览室等，其中展厅有1800平方米，陈列着从古典时期至今的宗教圣像画、油画、雕塑、纺织品、家具、窗帘、皮革等具有上千年历史的艺术品，都是罗马天主教区的文化遗存。

如果你是艺术爱好者，如果你对宗教有着特殊的感情，那么，博物馆里跨越宗教漫长历史的艺术品自然是不能错过的；如果你是建筑爱好者，想必更不能错过建筑设计师的巧妙设计，哪怕是一缕光线的运用。祖索尔是一个将材料和光线运用到极致的建筑设计大师，在他的大手笔下，博物馆的空间设计、光线设计赋予了博物馆故事性，而遗址、艺术品就是故事的核心和灵魂。

温馨提示

❶ 开放时间为周三至周一 12:00-17:00，周二闭馆。

❷ 票价为 5 欧元，18 岁以下免费参观。

梅赛德斯－奔驰博物馆

汽车爱好者的天堂

梅赛德斯－奔驰是世界著名的德国汽车品牌。1886年1月，卡尔·本茨发明了世界上第一辆三轮汽车，并获得专利；与此同时，奔驰的另一位创始人戈特利布·戴姆勒发明了世界上第一辆四轮汽车。从此，世界交通发生了巨大的改变。

关键词：汽车城、传奇、旗帜　　位置：斯图加特东部内卡河畔
国别：德国　　　　　　　　　　官网：www.mercedes-benz.com

从19世纪70年代开始，世界科技迅速发展，各种发明层出不穷，人类历史上的第二次工业革命开始了。第二次工业革命的重大成果之一是内燃机的创造和使用——汽车诞生了。"汽车之父"卡尔·本茨发明了世界上第一辆三轮汽车，并于1883年成立了奔驰汽车公司；德国工程师和发明家，现代汽车工业的先驱者之一的戈特利布·戴姆勒于1890年成立戴姆勒汽车公司；1926年奔驰汽车公司和戴姆勒汽车公司合并，成立了戴姆勒－奔驰汽车公司。梅赛德斯－奔驰是戴姆勒－奔驰汽车公司旗下的品牌，其汽车产品以高质量、高性能闻名于世。作为拥有超过100年历史的汽车公司，以博物馆的形式展现其在汽车制造界的成就与辉煌就变得理所当然。

梅赛德斯－奔驰博物馆坐落在世界著名的汽车城——斯图加特，即奔驰公司的所在地。博物馆创建于1936年，是奔驰汽车从诞生到发展的一部史书，更是世界汽车发展史上的辉煌一笔。博物馆从最早的奔驰一号车和戴姆勒一号车、第一辆打破纪录的奔驰赛车到现今高科技奔驰，用实力一一证明自己在汽车工业中龙头老大的"江湖地位"。此后的数十年，奔驰公司一次次扩大博物馆的规模，直至2006年5月，一座更大、更新、更现代化的博物馆出现在世人面前，完成

🔘 博物馆展出的 2015 款概念版奔驰汽车

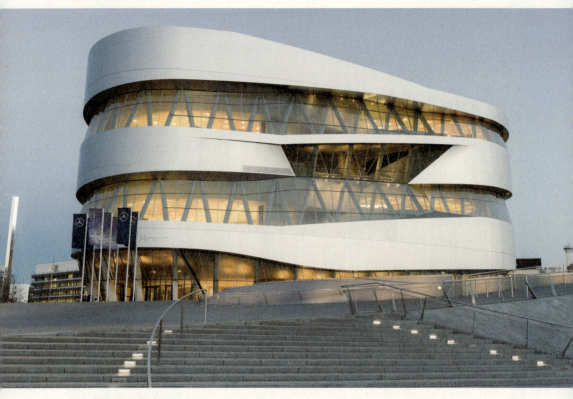

🔴 博物馆造型极具现代感

了奔驰公司百年历史的完美绽放。

　　拥有展出面积达1.65万平方米的博物馆有9层，外形呈不规则的三棱圆柱形。馆内双螺旋结构的设计为博物馆设计双参观路线成为现实：第一条参观路线中的7个"传奇区域"按年代顺序讲述梅赛德斯－奔驰的品牌故事：传奇1.先锋——汽车发明，1886—1900年；传奇2.梅赛德斯——品牌诞生，1900—1914年；传奇3.新征程——柴油机和增压器，1914—1945年；传奇4.神奇年代——造型和多样性，1945—1960年；传奇5.开创性理念——安全和环境，1960—1982年；传奇6.全球交通运输——全球和个人，1982年至今；传奇7.银箭——竞赛和记录。这是一部从汽车制造先驱到赛车运动的历史，是一个品牌从发明、发展再到创新的实力展现。第二条参观路线是"收藏区域"，主要包括旅行设备陈列室、装载设备陈列室、辅助设备陈列室、名称陈列室和英雄陈列室，展示了梅赛德斯－奔驰品牌产品的多样性，是一个完整的梅赛德斯－奔驰家族。馆内还有名为"技术魅力"的独立展厅，是了解梅赛德斯－奔驰公司员工的日常工作并领略汽车未来的好去处。

　　"令人着迷的博物馆，展现未来潮流的梅赛德斯－奔驰中心，让奔驰世界融汇古今。

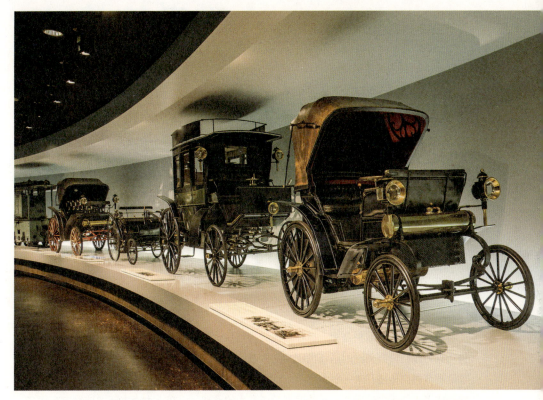

🔘 博物馆展出的最早的四轮车

在这里，从第一辆汽车的诞生到我们对于汽车发展的雄心壮志，博物馆全新再现了汽车工业的120年的悠久历史；只有在这里，人们才能真正领略到汽车工业的完整发展史！同样，只有在这里，从轿车到商用车等各系车型，才能为人们呈现出一个完整的梅赛德斯 - 奔驰家族"，这是奔驰公司充满骄傲和自豪的自述，是奔驰宏图大业的宣传书，也是汽车时代的一面旗帜。如果你是汽车的爱好者，如果你对汽车工业的发展充满兴趣，如果你对科技创新有着无限的憧憬，那么，梅赛德斯 - 奔驰博物馆一定是值得一游的。

温馨提示

❶ 开放时间为周二至周日 9:00-18:00，周一、12月24日、12月25日、12月31日和1月1日闭馆。

❷ 票价为 8 欧元，16:30 后半价。

042

科隆巧克力博物馆

被称为世界上最甜蜜的博物馆

关键词：巧克力加工厂、巧克力喷泉

国别：德国

位置：科隆市中心

官网：www.schokoladenmuseum.de

巧克力是一种能让人愉悦的甜食，更是恋爱男女的「神助攻」量的「粉丝」。所以，有关巧克力的博物馆就成了巧克力粉丝心中的胜地，比如科隆巧克力博物馆。

巧克力的主要原料是原产自中美洲的可可豆，最早饮用巧克力饮料的是玛雅人，最早将巧克力原料带离美洲的是16世纪初期的西班牙探险家荷南多·科尔特斯。之后，巧克力在欧洲范围内传播开来——不管是巧克力饮料还是19世纪中期开始制造的可咀嚼的巧克力块都成了大众舌尖的宠儿。在普遍宠爱巧克力的欧洲，以巧克力为主题的博物馆有很多，德国科隆巧克力博物馆便是其中的一家。

科隆巧克力博物馆位于莱茵河畔，创建于1993年，投资人是德国著名的巧克力制造商施多威克先生，投资数额达到5 300万德国马克。博物馆展示的内容分为两部分：第一部分展示欧洲巧克力的发展历程和早期制作巧克力所用的设备，比较系统地介绍了与巧克力有关的政治、经济、殖民等历史背景和生产设备、相关产品以及技术工艺等，脉络明了清晰，让游客对巧克力的"前世今生"有一个初步的了解。为了吸引小朋友，博物馆在介绍巧克力相关知识的时候采用了有趣的互动方式，极大地提升了小游客的兴趣。第二部分展示用现代化工艺生产特色巧克力的过程，例如如何制作空心巧克力。博物馆的顶层还设置了一个专门讨论巧克力使用和医药作用的专区，认为巧克力是药物的有效载体。当然，来到巧克力博物馆，如果光看而不能品尝，实在是

🍫 博物馆内正在做巧克力的学生

没有太大吸引力的。幸好，博物馆既是传播巧克力知识的地方，更是一座小型的巧克力加工厂，进入博物馆参观的游客均可获得博物馆的"甜蜜"奖励。如果意犹未尽，还可以在博物馆的商店给亲朋好友捎带"甜蜜的祝福"。博物馆内有一个有趣的场景，那就是一个3米高的巧克力喷泉，热巧克力源源不断地从喷泉里涌出，博物馆的工作人员会将华夫饼在热巧克力中浸润后提供给游客品尝，估计没有几个游客能抵挡这样的诱惑吧?

德国是一个巧克力的生产大国，凭借先进的技术设备、雄厚的资金，德国巧克力质优价廉，行销全世界，是真正的巧克力爱好者之友。不说别的，单就巧克力博物馆，一天就能生产出400千克的巧克力，可见巧克力消费市场的庞大和德国巧克力生产的能力。行走在科隆这样古老美丽的城市，如果可以与能给人带来"恋爱一般的感觉"的巧克力为伴，未尝不是一件幸福的事情。

温馨提示

❶ 开放时间为周二至周五 10:00-18:00，周六、周日和节假日为 11:00-19:00，周一、圣诞节、新年、狂欢节闭馆。

❷ 票价为 12.5 欧元，生日当天可免费参观。

043

德累斯顿军事历史博物馆

冷热兵器时代的铿锵

德累斯顿，人称"易北河边的佛罗伦萨"，曾被誉为欧洲最美的城市，但在第二次世界大战后期，这座城市几乎成了废墟，无可奈何地成了战争的牺牲品。市内的军事历史博物馆，就是承担着提醒世人珍惜和平的重任。

关键词：暴力、军事、城市命运

国别：德国

位置：德累斯顿奥尔布雷希特广场 2 号

官网：www.mhmbundeswehr.de

🔴 易北河边的德累斯顿

　　1945年2月，"二战"临近尾声，世界反法西斯同盟国大规模轰炸德累斯顿，重创了这座历史悠久的美丽城市。"二战"后，德累斯顿在废墟中崛起，恢复被炸毁的建筑原貌，其中就包括1897年建立的德累斯顿军事历史博物馆。2011年，著名建筑师丹尼尔·里伯斯金对军事历史博物馆进行重新设计和改建，将一座5层楼高且极其尖锐的锐

角形体"切入"原有的博物馆建筑结构当中，造成一种颠覆和撕裂的紧张关系，给人极大的视觉冲击。巨大的锐角形体由钢架、混凝土和玻璃等材料构成，尖锐、明晃且充满动感，破坏了原博物馆刻板凝重和不透明的外表。锐角形体的尖利三角刺向当年轰炸德累斯顿时炸弹落下的地方，似在控诉当年的战争暴力。建筑师丹尼尔·里伯斯金的设计意图很明确，他说："我希望创建一个大胆的机构，一次彻底的混乱，它要穿透历史的殿堂，营造出全新的体验。建筑将使大众更加深刻地感受到暴力、军事和城市命运之间的纠结。"说白了，这座博物馆以战争、暴力和城市、人性为主题，旨在提醒和平的来之不易。用这样一座建筑来展示德国的军事历史，可见德国战后对当初发动战争的反思之深刻，纪念战争是为了避免新的战争。这是德累斯顿军事历史博物馆存在的最大意义。

博物馆内的展品可以追溯到 1 300年前，德国战争史上的军服、枪支和战机等都在展览之列，其中包括纳粹统治德国时期和冷战时期的展品。博物馆目前也是德国武装部队官方中心博物馆，其占地面积约 1 950平方米，是德国面积最大的官方博物馆。博物馆除了展览德国战争史上的冷热兵器，还有一个30米高的观景台，就在锐角形体上。游客可以站在观景台上俯瞰德累斯顿的全景，审视一个城市的浴火重生，这或许也是德累斯顿军事历史博物馆对于德累斯顿这座城市的又一重大意义。

温馨提示

❶ 开放时间为周一 10:00-21:00，周三闭馆，其他时间 10:00-18:00。
❷ 票价为成人 5 欧元，学生 3 欧元。
❸ 可免费借用英语解说器。

044

歌德故居

伟大诗人的精神家园

这是德国伟大诗人和作家歌德的诞生地，在这里，歌德度过了他的青少年时光，并创作了伟大的作品《少年维特之烦恼》和《浮士德》的部分章节。

📍 **关键词**：伟大作家、精神家园、文学胜地

国别：德国

位置：法兰克福市鹿沟街 23-25号

官网：www.goethehaus-frankfurt.de

🌀 歌德故居内的生活品展示

作为德国伟大的诗人和作家，歌德对德国文坛贡献巨大。德国文艺评论家梅林这样评论他："歌德之于德国文坛，如同太阳之于大地，虽然天狼星的热度远远超过太阳，但照熟大地葡萄的是太阳而不是天狼星。"歌德就是德国文坛的太阳。歌德的伟大作品举世皆知，从书信体小说《少年维特之烦恼》到花费60年光阴创作的巨著《浮士德》，歌德用他漫长的一生诠释文学之于德国和世人的意义。热爱文学的德国人为了纪念歌德，为他重建了曾经毁于"二战"战火中的位于法兰克福的故居。

歌德故居位于法兰克福市中心的一条不起眼的街面上，是一栋4层楼高的德国旧式民居。歌德就诞生在这座小楼里，并在此度过了他的青少年时光，直至26岁时离开法兰克福。于歌德而言，故居是他一生中最重要的栖身之所和精神家园，他曾说："如果问我哪里作为我童年的摇篮最舒服，哪里的社会与我的思想更接近，哪里最符合我诗歌中的诗意，我只能说，没有一个超过法兰克福的。"德国人知道法兰克福对歌德而言意味着什么，更清楚地知道歌德对国家的意义何在，所以他们不遗余力地为其恢复了故居的原貌，并将故居开放，让它成为文学爱好者瞻仰文豪的胜地。

歌德故居共4层，一层是厨房、餐厅，二层是洛可可风格沙龙间音乐厅，三层是歌德

亲人的房间，四层是歌德的房间。故居里保留了歌德当年的生活痕迹，家具、艺术品、摆件、书稿、画像、书籍等，都曾经见证了他的成长。一层的厨房和餐厅是曾经给予歌德物质给养的地方，虽然是18世纪的陈设，但依然可以看出他曾经享有的丰裕物质生活。具有中国装饰风格的二楼沙龙间音乐厅是歌德和家人接待友朋的地方。歌德的父母亲注重下一代的教育且拥有一定的社会地位，可想而知，与其一家交往的定然不是寻常百姓，这当中能给予诗人的精神给养想必也少不了。非常值得一提的就是三层歌德父亲的书房了。书房里有很多自然科学方面的书籍，父亲曾经在书房里给歌德和妹妹讲解自然科学知识。联系至此，就不难理解为什么歌德除了文学方面的伟大成就，他还是一个自然科学家。四层是歌德成名作《少年维特之烦恼》诞生的地方，这部给他带来盛誉的作品奠定了其在德国文坛的地位，而当时歌德年仅24岁。此后，在歌德搬离法兰克福之前，还在这座静谧的小楼里开始了伟大作品《浮士德》的创作。

参观歌德故居，所能感受到的，不仅仅是歌德早年的生活经历，也不仅仅是歌德将德国文学推向世界文坛的伟大，还有一样不能忽视的，就是德国人对于文学的重视和对歌德历久弥新的敬仰，这或许是最值得参观者思考的地方。

温馨提示

❶ 开放时间为周一至周六 10:00-18:00，周日和节假日为 10:00-17:30。

❷ 票价为 7 欧元，学生票 3 欧元，6 岁以下儿童免票。

第五章

美利坚的灿烂星光

美国虽然没有悠久的历史，没有足够的文物储备，更没有足以夸耀的古代文明，但作为唯一的超级大国，它以雄厚的经济实力给国家创造了世界上最大的博物馆体系：从科学到生活，从战争到艺术，给人们提供了探索和求知的机会。

045

大都会艺术博物馆

这里见证人类的过去

如果非要用两个字来概括纽约大都会艺术博物馆，一是"大"——占地面积大、展出面积大；二是"多"——藏品多，超过300万件。

关键词：西半球最大、馆藏丰富、镇馆之宝

国别：美国

位置：纽约市第五大道82街

官网：www.metmuseum.org

博物馆内参观游人众多

在纽约著名的中央公园旁，有一座与北京故宫博物院、伦敦大英博物馆、巴黎卢浮宫和圣彼得堡艾尔米塔什博物馆并驾齐驱、西半球最大的博物馆——纽约大都会艺术博物馆。大都会艺术博物馆创建于1872年，创建的初衷在于"为了鼓励和发展艺术在生产和日常生活中的应用，为了推动艺术的通识教育，并为大众提供相应的指导"。后博物馆扩建，并迁到现址，博物馆藏品也日益丰富。博物馆现占地面积达13万平方米，主建筑面积约8万平方米，展出面积达20多万平方米，馆藏珍品超过300万件，共分19个馆展出。大都会艺术博物馆还有一个分馆，位于曼哈顿上城区崔恩堡修道院，主要展出中世纪的艺术品。

博物馆馆藏丰富，若是按艺术品的来源地分，可以分为埃及艺术、希腊罗马艺术、西欧艺术、非洲艺术、美洲艺术、东方艺术、伊斯兰艺术、美国艺术等，馆藏年代最早的艺术品和年代最近的艺术品相差约5 000年。艺术品的种类繁多，雕刻、建筑、绘画（素描、油画、版画等）、摄影、陶瓷器、玉器、纺织品、金属制品、玻璃器皿、武器、盔甲、乐器、服装、家具等，数不胜数。

在300多万件珍贵藏品中，有几件举世公认的镇馆之宝。其中之一为埃玛纽埃尔·洛伊茨的油画《华盛顿横渡特拉华河》。埃玛纽埃尔·洛伊茨是德裔美国画家，他的这幅画描

绘的是美国独立战争时期，华盛顿横渡特拉华河的情景。另一件镇馆之宝是埃及"典德尔神庙"，这是博物馆内体积最大的文物，是埃及政府赠送给美国政府的珍贵礼物。"典德尔神庙"和几尊埃及雕像独占了一个由玻璃幕墙围筑的硕大展厅，它是埃及唯一一座坐落在境外的神庙。第三件镇馆之宝是来自日本的葛饰北斋的浮世绘《神奈川冲浪图》，这是描绘人和自然抗争的杰作，代表了日本民族英勇不屈的精神气节。

博物馆内还有大量来自中国的文化瑰宝，如以唐代韩干的《照夜白图》、北宋屈鼎的《夏山图》等为代表的中国古代书画作品，以西周夔纹铜禁为代表的青铜器，以清代玉器为代表的玉器和一大批宋元以来的漆器等，其馆藏中国文物质量之高、数量之多，虽让世人艳羡，但也让中国人遗憾国宝的外流。

大都会艺术博物馆藏品太多，以致许多藏品只能待在库房里，但20多万平方米的展出面积已经足够满足参观者对艺术的渴求。如果时间允许，是非常值得在装饰豪华的博物馆里细细品味艺术带来的美感和快感的。

温馨提示

❶ 开放时间为周日至周四 10:00-17:30，周五、周六 10:00-21:00，感恩节、12 月 25 日、1 月 1 日和 5 月第一个周一闭馆。

❷ 票价为 25 美元。

第五章 美利坚的灿烂星光

046

美国国家博物馆

典型的博物馆 "大观园"

关键词： 博物馆体系、
无与伦比

国别： 美国

位置： 总部设在美国首
都华盛顿特区，
其中9家博物馆
和美术馆坐落在
华盛顿纪念碑与
国会山之间的国
家广场上

官网 www.si.edu

美国国家博物馆不是一家博物馆，而是一个世界最大的博物馆体系，或者说是博物馆"大观园"。

美国国家博物馆即史密森尼博物院，是唯一一家由美国政府资助、半官方性质的第三部门博物馆机构，其资金最初来自于英国科学家詹姆斯·史密森先生的捐赠。博物馆目前是世界上最大的博物馆体系，总部设在华盛顿，下辖19所博物馆、动物园，保管着数不胜数的珍贵艺术品和珍贵标本。博物馆除了妥善保管艺术品、标本，还承担着公共教育、国民服务和艺术、科学、历史等方面的研究。

美国国家博物馆下辖的博物馆有弗里尔美术馆、阿瑟·M·萨克勒美术馆、国立美国历史博物馆、国立自然历史博物馆、国立美国艺术博物馆、国立肖像馆、国家航空和航天博物馆、赫什霍恩博物馆和雕塑园、美术和工业大厦、伦威克美术馆、国立非洲艺术博物馆、阿纳卡斯蒂亚地区博物馆、国立美国原住民博物馆、美国艺术博物馆、国立美国邮政博物馆、库珀－休伊斯博物馆、史密森国立动物园等。上述博物馆除了库珀－休伊斯博物馆在纽约市，其他均在华盛顿特区，在特区的博物馆共有9家是在华盛顿纪念碑与国会山之间的国家广场上，其集中程度恐怕也只有德国柏林博物馆岛能与之相媲美了。

19家博物馆分工明确，功能各异，如于1923年开放的弗里尔美术馆，主要收藏东方艺术品和19世纪末20世纪初的美国艺术品。馆内大量的亚洲绘画、雕塑和漆器等，都是东方艺术的精华，是足以影响西方艺术的精品。阿瑟·M·萨克勒美术馆于20世纪80年代开放，是弗

🔴 博物馆内的大象雕像

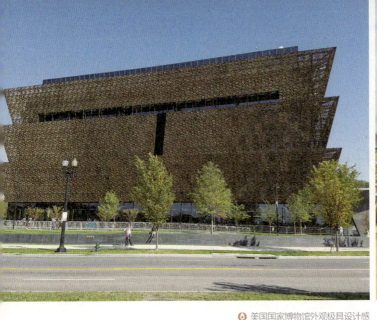

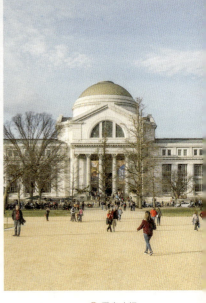

美国国家博物馆外观极具设计感　　　　　　　　　国家广场

里尔美术馆的姊妹馆，主要收藏东方艺术品，其中有大量来自中国的玉器，特别是玉琮、玉璧、玉璜、玉圭等玉制礼器，还有玉戈、玉钺等玉制武器，俨然是中国古代玉器的大观园。国立美国历史博物馆是美国最大的历史博物馆，国立自然历史博物馆全面反映了人类和自然环境的面貌和演变，是一部煌煌自然史。国立美国艺术博物馆是世界上最年轻的国家美术馆，美术馆建筑是美籍华人建筑大师贝聿铭先生的作品。国立肖像馆收藏了诗人、总统、空想主义者、恶棍、演员和活动家的画像，讲述了美国从前殖民主义时期到今天的故事。肖像馆中最吸引人的莫过于42位美国总统的画像，这是位于白宫以外的唯一完整的总统画像收藏馆。国家航空和航天博物馆是世界首屈一指的飞行专题博物馆，馆内收藏着众多航空航天史上的"明星"，如莱特兄弟的飞机、阿波罗11号返回舱等。赫什霍恩博物馆和雕塑园于1974年开放，展示过去100年里震动艺术世界的各种美术变革和当代艺术。美术和工业大厦用19世纪的美国文物来展现美国历史上第一次世界博览会——费城博览会的盛况。伦威克美术馆是国家艺术馆的分馆，以历史和当代美国工艺和装饰、设计艺术为特色。国立非洲艺术博物馆是美国唯一的纯粹以非洲艺术为对象的博物馆。

　　如果用"震惊"二字来形容美国国家博物馆，似乎并不过分，谁让它是无与伦比的博物馆体系呢？亿万件珍贵艺术品和珍贵标本让人眼花缭乱，选择自己喜欢的艺术品，然后去细细地琢磨，定会受益匪浅。

温馨提示

❶ 部分展馆可以拍照，须关注博物馆的参观注意事项。
❷ 作为世界上最大的博物馆体系，内容丰富，可以选择性地参观。
❸ 免费参观。

047

美国自然历史博物馆

探索、考察与教育

这是一座集趣味性和知识性于一体的自然历史博物馆，是进行野外探险、创造展示自然栖地及动植物生命的实景模型的开路先锋。

关键词：海量馆藏、海登天文馆、标本

国别：美国

位置：纽约市曼哈顿区中央公园西侧第79街

官网：www.amnh.org

　　美国自然历史博物馆是世界规模最大的自然历史博物馆之一，占地面积约7万平方米，迄今已有150多年的历史，拥有3 700多万件藏品，可具体分为天文、矿物、人类、古生物和现代生物等5大类，共分42个展厅陈列，涵盖了地球诞生以来的历史和整个人类

🅖 博物馆简洁的外观

的进化史。该馆古生物和人类学的收藏在世界各博物馆中均占据首位，标本来源地遍布除南极洲之外的6大洲。

到了自然历史博物馆，就如同进入了一片陈列品的海洋，如果没有明确的目标和路线，恐怕一会儿就晕头转向、眼花缭乱了。作为博物馆的一部分，海登天文馆是不容错过的。作为博物馆的附属馆，海登天文馆原建于1935年，现在的新馆是在旧馆拆除后的基础上重建

🔴 博物馆内陈列的恐龙骨架

的，是一座10层楼高、立体玻璃墙面的透明建筑，极像传说中的"水晶宫"。"水晶宫"于2002年对外开放，是一个科普太空知识的好地方。"水晶宫"分为上下两部分，海登天文馆位于上半部分，馆内使用现代科技手段打造了一场光怪陆离、充满现实主义的表演，观众能被表演引领着"飞进"太空。"水晶宫"的下半部分是大爆炸剧场，是一个可以将游客带到时间和空间开始的地方。游客还可以在"水晶宫"里进行宇宙和地球进化的探索，体验宇宙空间的广阔无垠和地球演化的历程。

在自然历史博物馆里，宝石矿物、动物和海洋生物标本是尤为名贵的。在矿石类展厅，玛瑙、翡翠、水晶石、蓝松石等，各具风采，价值连城。当然，矿石展厅中的"王中王"非世界上最大的天然蓝宝石莫属。蓝宝石在展厅中央的玻璃圆形展柱中旋转着让游客参观，其高贵深邃的绝世风华让人深深沉醉。在恐龙展厅，大量的恐龙化石让人大开眼界，其中一具高大的恐龙骨架，怕是会吓到部分游客的吧！该馆还是电影《侏罗纪公园》的取景地。在海洋生物展厅，1925年在美国南部海岸捕捉到的重150吨的蓝鲸的模型也绝对是不能错过的。此外，本馆还是进行野外探险、创造展示自然栖地及动植物生命的实景模型的开路先锋，馆内的实景模拟场景让人如同置身野外探险的惊险离奇中，甚是有趣。

美国自然历史博物馆的馆藏太多，无法一一展出，据说展出的展品仅仅是藏品中的3%左右，其他更多的藏品是为美国自然科学研究服务的，这也是自然历史博物馆"教育与科研"两大使命的体现。

温馨提示

❶ 开放时间为10:00-17:45，感恩节和圣诞节闭馆。

❷ 付费参观，实行建议票价。

国立美国历史博物馆

美国人民的集体记忆

博物馆的宗旨是"收藏、保管和研究影响美国人民经历的物品"，真切且翔实记载了美国自独立战争至今的点点滴滴，是美国人民的集体记忆。

关键词：号称"世界第一"、
实物简史

位置：华盛顿宪法大道，国家广场中段

国别：美国

官网：www.amnh.org

　　美国虽然拥有世界上最庞大的博物馆体系，但许多号称"世界第一"的藏品更多的是来自本土之外的欧亚非等广大地区，实在不是美国的"土特产"。但唯有一家博物馆，其藏品算是美国自己真正拥有的，那就是国立美国历史博物馆，这是一家以"收藏、保管和研究影响美国人民经历的物品"为宗旨的博物馆。

　　博物馆位于华盛顿宪法大道，1964年正式对外开放，是一座面积约7万平方米的白

🔴 博物馆内展出的老爷车

色大理石建筑。博物馆的馆藏有1 700多万件，涉及农业、工业、交通运输业、军事、民俗、服饰、医药、科学、音乐、货币、文书等，是真实反映美国社会发展变迁和美国人民曾经真实生活的实物简史。博物馆共有3层展厅，一层是一部简短的美国科技发展史：从第一次工业革命到第三次科技革命的科技成果均在展厅中一览无余，比如第一台联合收割机、第一台汽油拖拉机、汽车和贝尔发明的电话机原型等，都是美国历史的真实再现。游客参观一层展厅的陈列品就会被美国历史热火朝天的发展浪潮所感动。二层也是一部短小精悍但庞杂的美国文化发展史，从欧洲移民的住房模型、生活生产工具到美国民俗资料，从美利坚合众国的庄严诞生到"9·11事件"，从美国历届第一夫人的蜡像到服饰，既是一部美国政治史，也是一部美国社会生活史。三层陈列关乎军事、战争与国际关系等内容，与独立战争、越战、冷战等相关的足以影响美国历史的军事史和国际关系史通过军服、印刷品、纪念章等呈现，以展现美国200多年历史的风云激荡。

在以上3大主题陈列中，博物馆采用了有趣、直观且生动的方式展示，比如反映美国人民生活日趋现代化的内容，馆内就陈列了许多现代化的电器，如灯具、电熨斗、电风扇、面包机、洗衣机等；再如展现交通运输业发展的内容，则展示蒸汽轮船、蒸汽机车到四轮汽车等现代汽车的雏形。

尽管博物馆内的藏品庞杂，年代也不算久远，但是美国200多年历史的见证。作为一个仅有200多年历史，却有100多年雄踞"世界第一"的富有活力和创造激情的国家，游客可以从中领悟到些什么。

温馨提示

❶ 免费参观。

❷ 可以使用保管箱。

❸ 博物馆内允许拍照。

049

飞行博物馆
西海岸的飞机博览会

美国西雅图——航空城；百年波音公司——全球航空航天的领军企业；飞机——人类征服天空的利器。

 关键词：飞行梦、波音公司、飞行传奇

国别：美国

位置：西雅图市

官网：www.museumofflight.org

🔘 飞行博物馆外景

1903年12月17日，美国的莱特兄弟圆了人类的飞行梦：弟弟奥维尔驾驶着人类第一架飞机——"飞行者一号"冲上了蓝天。飞机在美国诞生了。13年后的1916年，美国波音公司创立，总部在西雅图，从此，由波音公司开始的人类飞行传奇从西雅图出发，开创了人类交通运输的新纪元。

西雅图飞行博物馆位于西雅图的南部，是美国西海岸最大的飞行博物馆。博物馆分6个展示区：主馆 The Great Gallery、The Personal Courage Wing、The Red Barn、Space Exhibit、Simulators 和室外展区 Airpark，陈列着不同历史时期、不同用途的145架飞机。

The Great Gallery楼高6层，收藏了43架具有历史意义的飞行器，包括当年莱特兄弟制造的第一架飞机的复制版、波音公司早期生产的飞机等，展示了飞机百年的发展史。The Personal Courage Wing展示的是"一战""二战"尤其是"二战"时期的各国战机，包括美国的、德国的、苏联的、日本的战机，还有一架在中国战斗过的"飞虎队"战机。展区内还可以观看"二战"的纪录片，听一听战机背后的故事。这里不仅仅是飞

机的历史，也是世界反法西斯战争历史的一部分。The Red Barn是波音公司早期的飞机制造厂，内部还有许多关于波音公司的发展文献，是了解百年波音的好去处。Space Exhibit 和 Simulators 是专为儿童设计的展区，展区内有太空船和飞机模型，儿童可以在这里亲身体验。室外展区 Airpark 则陈列有最早期的波音 747 空军一号专机、波音 737 和美国西岸唯一的协和客机。

如果是航空航天迷，在博物馆内可以找到属于自己的乐趣；如果是军事迷，恐怕就更有惊喜了。SR-71黑鸟高空战略侦察机就在博物馆内，这架飞行高度可达3万米、速度达到3.5倍音速的超音速侦察机在敌国领空可谓如入无人之境。能与SR-71黑鸟高空战略侦察机近距离接触，绝对是莫大的惊喜。F-4鬼怪战斗机也在博物馆陈列中，作为美国第三代战斗机的典型代表，F-4鬼怪战斗机的空战性能和对地攻击能力都很强，是美国空军和海军20世纪六七十年代的主力战斗机，曾参加越南战争与中东战争。这样的战机可以亲眼看到，机会自然是不可多得的。馆内还有苏联生产的米格-21战斗机、美国生产的C-47空中运输机，都是军事活动中重要的机型。侦察机、战斗机、运输机，既满

博物馆外的飞机模型

足了航空航天迷的心理需求，也让军事迷雀跃，可谓一举两得。

西雅图飞行博物馆，确实是飞机的大世界，军用飞机、民用飞机，最早的飞机、现代的飞机，普通客机、航天飞机，大飞机、小飞机，实体飞机和飞机背后的故事，可以触摸的飞机、可以模拟驾驶的飞机，喷气式飞机、螺旋桨式飞机以及直升机等，种类齐全。

温馨提示

❶ 开放时间为 10:00-17:00；每月第一个周四 10:00-21:00，17:00-21:00 免费；Airpark 的开放时间为 11:00-16:00，感恩节、圣诞节闭馆。

❷ 票价为 25 美元，老人和儿童有相应的优惠。

050

国家"二战"博物馆

历史无法遗忘的伤痕

博物馆馆长戈登·穆勒表示，展览的目的不是美化战争或宣扬盟军的胜利，而是要教育人们了解这段有约5 500万人丧生的世界历史，从中汲取教训，确保战争悲剧不再发生。

 关键词： 历史伤痕、希金斯造船厂、老兵讲解员

国别： 美国

位置： 新奥尔良中央商务区

官网： www.nationalww2museum.org

🔴 国家"二战"博物馆内展出的轰炸机

"二战"，是人类历史上最大规模的战争。战火燃及欧洲、亚洲、非洲和大洋洲，先后有61个国家和地区、20亿以上的人口被卷入战争，作战区域面积达2 200万平方千米。据统计，战争中军民共死亡约5 500万人，4万多亿美元付诸东流。这是人类历史上最惨痛的战争。为了纪念"二战"，很多国家在战后建立了"二战"纪念博物馆，如中国、俄罗斯、美国、英国、法国、德国、韩国、意大利等国家，美国国家"二战"博物馆便是其中之一。

美国的国家"二战"博物馆坐落于密西西比河入海口的"新月之城"新奥尔良，原因是新奥尔良人安德鲁·希金斯和他的希金斯造船厂为"二战"做出了卓著的贡献。盟军诺曼底登陆中大显神威的水陆两用登陆艇被称为"希金斯艇"，就是希金斯造船厂建造的。事实上，"二战"时期希金斯造船厂共为美军生产了2万多艘战船，为美国在"二战"中取得胜利做出了巨大贡献。正如艾森豪威尔将军所言："希金斯正是那位为我们赢得了战争胜利的人。"

博物馆于2000年诺曼底登陆纪念日即6月6日成立，起初是为了纪念在诺曼底登陆中做出贡献的美军，因社会反响较大，后来索性便将博物馆的纪念和展览内容扩大到了整个"二战"。博物馆的总建筑面积约2.6万平方米，其中有互动和理解展区达8 500平方米左

第五章 美利坚的灿烂星光

145

⑥ 国家"二战"博物馆外墙标志

右。博物馆自建馆以来，参观人数逐年上升，2014年达到了60万人，是美国博物馆中深受欢迎的一个。

博物馆采用现代化的科技手段去展现近80年前那场人类历史上的浩劫：如视频和语音，在4D影厅内播放为纪念"二战"打造的纪录片《超越一切边界》，还原"二战"的战争场景，炮火、飞机、坦克、战壕、枪林弹雨、血肉横飞，直接冲击游客的多个感官，让游客在极度震撼中反思战争给人类社会造成的无法弥补的伤害。博物馆内的许多语音资料采自"二战"的参战军人，他们是对战争的惨烈和残酷性最有发言权的人。

博物馆内陈列有许多"二战"时期的实物或模型，如美军著名的空中运输机C-47、重型轰炸机B-17、谢尔曼坦克、登陆艇、枪支弹药等。游客不仅可以近距离接触"二战"的王牌作战武器，还能亲身体验战争带来的震撼，比如游客可以进入模拟潜艇舱内"参加作战"，切身感受战争带来的破坏性和恐惧感。

博物馆不仅展示了美军在"二战"中的卓越贡献和牺牲，也对日本给中国、亚洲乃至全世界带来的威胁做了揭露和批判，在太平洋战场展厅，对日本侵略中国、制造南京大屠杀、空袭重庆、屠戮亚洲等做了披露和谴责。内容翔实的图文资料再现了日本法西斯军队当年在中国战场犯下的滔天罪行。

博物馆内还有一批特殊身份的老人，他们就是"二战"时期的老兵。作为活着的"二战"历史教科书，他们活跃在博物馆内，为游客讲解"二战"的点点滴滴。他们的目的很简单，就是为了避免新的战争。

美国国家"二战"博物馆就是为了"献给所有为自由而牺牲的人们"，如果想了解那场决定人类命运的战争，国家"二战"博物馆会是很好的选择。

温馨提示

❶ 开放时间为 9:00-17:00，特殊展览时间可留意官方网站说明。

❷ 票价为 28.5 美元，老人和儿童有相应优惠。

纽约现代艺术博物馆
直指内心的美术之旅

关键词：洛克菲勒家族、不可或缺、声名远扬　**位置：**纽约市曼哈顿第53街

国别：美国　**官网：**www.moma.org

❻ 馆内展出的美术作品

　　一提起"现代艺术博物馆"，艺术爱好者都知道指的是纽约现代艺术博物馆，由此可见纽约现代艺术博物馆在艺术界的声名和地位。事实上，它是和英国伦敦泰特美术馆、法国蓬皮杜文化艺术中心齐名的美术机构，是世界最著名的现当代美术馆之一。

　　纽约现代艺术博物馆成立于1929年，当时是由3位女士赞助成立并向公众开放的。其中就有小洛克菲勒的妻子，所以这是一座带有美国传奇家族——洛克菲勒家族色彩的博

物馆。博物馆有6层楼高，因大量使用玻璃结构，营造出一种开放、自由、通透的艺术氛围而使博物馆呈现出一种独特的现代化气息。博物馆目前拥有艺术品约15万件，包括绘画、雕塑、摄影、印刷品、商业设计、建筑、家具等；馆内还珍藏着2万部电影和400万幅电影剧照。

作为展示19世纪末至今的艺术作品的艺术机构，印象画派和现代主义的画作自然是馆藏绘画中的珍品。荷兰后印象画派画家、后印象主义的先驱凡·高有一幅在法国精神病院中创作的著名油画《星月夜》（又译为《星夜》）也在博物馆的收藏行列，这幅画是目前全球最著名最珍贵的艺术作品之一。法国著名的印象画派的创始人和代表人物莫奈也有作品在馆内展出，集印象画派之大成的《睡莲》组画是莫奈一生最伟大辉煌的"第九交响曲"。现代艺术的创始人、西方现代派绘画的主要代表人物毕加索也为艺术馆"贡献"了其创作史上具有里程碑意义的杰出画作《亚威农少女》，这幅画引发了西方绘画立体主义运动的诞生。另外，与毕加索并称"20世纪最有代表性的三个画家"的另外两个——超现实主义绘画艺术家达利、野兽派的创始人和代表人物马蒂斯也有作品在馆内展出，《记忆的永恒》《舞蹈》《红色画室》都是不可多得的珍品。

博物馆内也有不少美国现代艺术家的经典作品，美国抽象表现主义的先驱杰克森·波洛克，美国知名艺术家、摄影家、电影导演辛迪·雪曼，美国绘画大师爱德华·霍

Modern Art

Modern Art at

Museum Earn hours
9:30 a.m.–10:30 a.m. daily

Monday	10:30 a.m.–5:30 p.m.
Tuesday	10:30 a.m.–5:30 p.m.
Wednesday	10:30 a.m.–5:30 p.m.
Thursday	10:30 a.m.–5:30 p.m.
	(July and August)
Friday	10:30 a.m.–8:00 p.m.
Saturday	10:30 a.m.–5:30 p.m.
Sunday	10:30 a.m.–5:30 p.m.
Closed	Thanksgiving day and
	Christmas day

● 博物馆入口

普，美国表现主义艺术家尚·米榭·巴斯奇亚，曾被誉为美国最伟大的当代艺术家之一的贾斯培·琼斯等人，他们的作品也为现代艺术博物馆增添了艺术的光彩。值得一提的是，纽约现代艺术博物馆将摄影艺术纳入博物馆馆藏的重要部分，所以本馆也是美国电影和影片收藏的重要场所，在美国摄影艺术和电影艺术的发展史上有着不可或缺的重要地位。当然，馆内还有许多著名的设计作品值得细细欣赏。

作为现代艺术的收藏中心，纽约现代艺术博物馆声名远扬，每年的访客约有250万人次，由此可见纽约现代艺术博物馆的艺术魅力。如果没有机会造访英国泰特美术馆，也与法国蓬皮杜文化艺术中心失之交臂，那不妨到纽约现代艺术博物馆走一走，接受艺术的熏陶吧！

温馨提示

❶ 开放时间为10:30–17:30，周五延至20:00，每周二和每年的感恩节、圣诞节闭馆。

❷ 票价为25美元，16岁以下免费，65岁以上老人和学生有相应优惠。

052

探索博物馆

体验出真知的好去处

这是一座可以动手探索的博物馆，是一座名副其实的科学博物馆。

关键词：动手探索、触觉走廊、别具匠心

国别：美国

位置：旧金山要塞区内河码头（沿着旧金山湾的东段海滨道路）

官网：www.exploratorium.edu

探索博物馆美丽的外部景观

在旧金山要塞区，有一座被誉为近代桥梁工程的奇迹——金山大桥，能与金山大桥齐名的，定然不是凡品，"全美最棒的科学博物馆"——旧金山探索博物馆就是其中之一。

旧金山探索博物馆的创建人是人称"原子弹之父"的罗伯特·奥本海默的哥哥福克兰·奥本海默。馆区原本是国际博览会的旧仓库，后来将它改建成了探索博物馆。该博物馆与其他同类性质的博物馆有着明显的区别，探索博物馆的展品主要定位于基础科学，如数学、物理学等，可以动手探索是本馆最大的特点和最有吸引力的地方。尽管馆内只有几百件设备和展品，但几乎每一样都经过了精巧的设计，融入了科学工作者的智慧和辛劳，目的就是为了让参观者在探索中明白设计的原理，提升对科学的兴趣。

在馆内的"整形屋"里，每个参观者都可以为自己"整容"：先操作电脑游戏，将自己的面貌显示在屏幕上，然后自己操作按钮，给自己"施加手术"，至于自己愿意将自己整成什么模样，全凭个人喜好。这种具有独特创作乐趣的"游戏"显然非常吸引人。

馆内有一个"影子箱"，可以留住参观者的影子。馆内还有一棵会施"法术"的

博物馆外墙上的浮雕

树，能跟参观者进行无声的交谈。只要参观者拍手、吹口哨或者喊叫，树上的彩色灯泡就会闪烁不停，跟参观者相呼应。原来，这棵树能够把人的声音转变成看得见的信号。博物馆内有一个展览叫作"触觉走廊"，参观者进入一条黑暗的隧道，凭感觉能判断出热、冷、光滑、粗糙、柔软等不同触觉的东西。另外，还有一个名为"人类的记忆"系列的特展：由生物学、心理学及文化的角度来探讨人类记忆形成或失落的过程……

探索博物馆内的展品比较朴实，且一般面积都不大，但能引发参观者动手操作的热情，这显然是设备或展品别具匠心的缘故。这"别具匠心"的背后，是人类科学发展的支撑，是科学本身具有的魅力，更是科学工作者的智慧所在。

温馨提示

❶ 开放时间为 10:00-17:00，周四有禁止未成年人入内的夜场，周一和国家
　法定节假日闭馆。

❷ 票价为 30 美元，老人、青少年和儿童有相应的优惠。

第五章　美利坚的灿烂星光

053

印第安纳波利斯儿童博物馆

给你提供扮演恐龙的机会

这里是全美最棒的儿童乐园，它为所有年龄段的儿童服务，并设法给他们提供学习的机会。

关键词：儿童教育机构、儿童发展、儿童乐园

国别：美国

位置：印第安纳州州府印第安纳波利斯市

官网：www.childrensmuseum.org

　　美国是全世界拥有儿童博物馆最多的国家，儿童博物馆也是美国近年来成长最快的教育文化机构之一，是以儿童教育为目的的校外物理空间。在美国数百家儿童博物馆中，印第安纳波利斯儿童博物馆是其中的翘楚，号称"全美最大最好的儿童博物馆"。

　　印第安纳波利斯儿童博物馆成立于1925年，现占地面积约12万平方米，建筑面积超过5万平方米，馆内有展品约12万件，分4层展出，共设12个主要场馆。博物馆的基本陈列大致可分为两个方面：人文历史和自然科学。博物馆的主要特点是通过丰富多元的展览和教育活动来为儿童教育服务，为儿童的终身教育奠定基础。

　　博物馆的基本陈列都经过精心设计，对儿童来说非常具有吸引力。在众多展馆中，恐龙展馆是最受儿童欢迎的。在恐龙馆内，儿童可以欣赏珍贵的恐龙化石，伸手触摸肉食恐龙的肱骨，动手模拟挖掘恐龙化石，了解白垩纪晚期地质环境和生物的演变。在天文馆，儿童可以探寻宇宙之大、银河之美以及人类探月的艰辛和伟大成就。在儿童力量馆，馆内工作人员会通过模拟再现历史场景和真人秀表演等方式，让儿童融入历史场景或故事中，然后引导儿童进行讨论和记

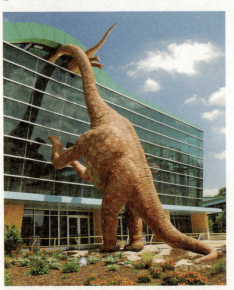

⊙ 高大的恐龙塑像要钻进去一般直立在博物馆外墙

❶ 儿童博物馆内破壳而出的恐龙塑像

录，帮助儿童运用文字、语言和行动来"改变世界"，传递爱和勇气。在中国馆，儿童可以通过图片、文字、场景、实物等了解中国的饮食、服饰、乐器、建筑、书法、绘画和国宝大熊猫等；儿童甚至可以学习中国书法、动手敲击打击乐、给兵马俑穿衣服等，让儿童在动手体验中去触摸、感受不同的文化。在科学馆，儿童可以动手做物理实验和进行生物观察。剧场常年有音乐剧演出，儿童可以参与其中，扮演剧中的某个角色。馆内还有专门给儿童设置的安全游乐场地，给小朋友提供触碰、体验的机会，让他们在玩乐中学习，在学习中快乐成长，在成长中提升社交的技能。

　　这是一座有趣的儿童博物馆，以展品的多元开拓儿童的视野，以动手体验提升儿童的乐趣，以引导自主探索助力儿童的成长。如果以"儿童乐园"来形容这座博物馆，应该是不为过的。

第五章　美利坚的灿烂星光

温馨提示

❶ 16:00—20:00 是免费开放时间。
❷ 博物馆的雕塑湿地公园值得逗留。

054

国立邮政博物馆

传情达意的历史

这里是集邮爱好者的「天堂」，是美国人民沟通情谊的媒介，是人类从蒸汽时代走向电气时代、信息时代的历史大跨越。

关键词：邮政、邮票、邮政运输

国别：美国

位置：华盛顿中央车站旁

官网：www.postalmuseum.si.edu

⑥ 邮政博物馆内展出的邮政车

　　美国邮政有着二三百年的历史，第一任邮政局局长的任命是在1775年。在美国邮政发展史上，邮票、邮递方式、邮递的运输工具等都是邮政的重要环节，如果想要了解美国邮政的历史，美国国立邮政博物馆是最理想的选择。

　　美国国立邮政博物馆成立于1993年，其建筑本身就是华盛顿的邮政局，也是正在正常运营的邮政机构。博物馆规模不大，但整洁漂亮，据说与邮政有关的藏品共有600多万件，是全世界同类博物馆中藏品最丰富的邮政博物馆。

　　邮票是博物馆最重要的藏品之一，博物馆不仅收藏美国本土的邮票，还收集了全球各地的许多邮票珍品。特别是美国本土的邮票，不仅仅是美国邮政发展史上的一个"配件"，也是美国风土人情、科技、文化、历史、自然风貌的载体，如邮政画面上的美国内战，美国第16任总统、政治家、思想家、奴隶制的废除者林肯，美国西进运动中的淘金热，文艺复兴时期伟大的文学家莎士比亚，空邮飞行员和邮政运输工具，美国民权运动领袖马丁·路德·金，巴拿马运河等，除了邮政价值，还有巨大的收藏价值。至于外国的邮票，多半是珍稀品，博物馆内展出了6大洲24个国家的珍稀邮票，甚至

还有一些现已不存在的国家政府发行的邮票也有收藏，不能不说珍稀至极。

博物馆内还展示了不同历史时期的不同邮政运输工具，马车、汽车、火车、飞机等，水路、陆路、空运等，随着生产力的发展和社会的进步与时俱进地改变着人类投递的方式。馆内展示的各国邮箱和邮筒款式各异，颜色多样且大都鲜艳亮丽。馆内还展示邮政局破获的邮政毒品案、邮件的分拣等场景，比较全面地展示了美国200多年邮政历史的点点滴滴。在博物馆，还有一个"展览品"不能不提及，那就是一只名叫"欧尼"的狗标本，欧尼是美国邮政的非官方吉祥物，流传着伴随美国邮政发展的一段佳话和一个很感人的"狗和邮政"的故事。这个故事给美国邮政增添了许多温情。

结束了对博物馆的参观，如果愿意和远方的朋友分享旅途的见闻和快乐，不妨就在博物馆内邮政局里寄出一份问候，但凡从邮政博物馆内寄出的邮品，都会得到博物馆的一个特别邮戳。如果是个邮票收集者，就在博物馆的纪念商店里，将自己渴望得到的邮票带回家吧，这也算是对旅途辛苦的犒劳，更是一份实实在在的收获。

温馨提示

❶ 开放时间为 10:00-17:30，圣诞节闭馆。

❷ 免费参观。

第五章 美利坚的灿烂星光

第六章

俄罗斯
的杰作

战斗民族的骨子里充满了民族的自尊和骄傲，莫斯科红场上的国家历史博物馆是俄罗斯历史的一面明镜；克里姆林宫博物馆是俄罗斯的宝库；艾尔米塔什博物馆代表了俄罗斯的国际视野；伏特加博物馆是俄罗斯生命源泉的实物展示……雄心与热血，诗意与野蛮，尽在博物馆的陈列里。

055

国家历史博物馆

俄罗斯历史的一面明镜

 关键词：俄罗斯历史、科学教育、 位置：莫斯科红场北侧
钱币收藏   官网：www.shm.ru
国别：俄罗斯

俄罗斯国家历史博物馆是莫斯科市的地标，红墙银顶，气势恢宏，沉稳内敛，是典型的俄罗斯建筑风格。

🌐 蓝天白云下矗立着鲜艳壮丽的国家历史博物馆

俄罗斯国家历史博物馆坐落在首都莫斯科红场北侧，是莫斯科最具代表性的博物馆。博物馆于1883年开馆，藏品达450万件，收藏了从石器时代至罗曼诺夫王朝时期的艺术文化珍品，是俄罗斯收藏本国藏品最丰富的博物馆，全面展示了俄罗斯的政治、经济和文化，是俄罗斯历史的写照，同时也是俄罗斯最大的科学教育机构之一。

博物馆的主体建筑是参观博物馆前不能错过的，高耸的塔楼，高大的青铜塑像威风凛凛，那是苏联著名的军事家朱可夫元帅。馆内藏品有考古文物、古书籍、书稿、贵重

金属、武器、日常用品、地图、风俗档案和装饰品等，种类齐全，数量繁多，完整地展示了俄罗斯从古至今的国家历史和社会变迁。

　　馆内的钱币收藏量是全俄罗斯博物馆同类馆藏中数量最多的，约有170万枚，除了俄罗斯本国的，也有别国的。本馆还是俄罗斯收藏绘画最大的机构之一：馆内的绘画数量也相当庞大，写生画、宣传画、线条画等，约有30万件，这些用画笔记录俄罗斯历史上不同时期的历史事件、人物、建筑等的画作，是俄罗斯宝贵的艺术品，也是具有历史研究价值的图文资料。馆内各种生活用品也是展品的一大类别，农具、家具、木器、纺织品、陶瓷器、玻璃器皿等，展现了俄罗斯民族的生产和生活，是一部俄罗斯社会发展史。馆内当然还有大量的武器和装饰品，武器展现的是一个国家的战斗力，有"战斗民族"之称的俄罗斯历史上疆域辽阔，军事力量强大，战斗力卓绝，武器恰恰就是俄罗斯力量的外在表现。各种金碧辉煌、鲜亮灼目的装饰品则是俄罗斯历史上不同时期的贵族用品，其豪奢华贵，让人瞠目。

　　当然，参观俄罗斯国家历史博物馆，最不能错过的应该是远古时代的巨大象牙，现代欧洲人祖先的近亲、曾经统治着整个欧洲、亚洲西部以及非洲北部却在2.4万年前突然消失的尼安德特人复制头骨和对中国意义重大的北京猿人（北京直立人）复制头骨，古代人类遗址模型，轰动世界的15件"比萨拉比亚之宝"和俄国最早的楔形文字等。馆内48个展厅中，每个展厅都采用不同时代或不同地区的装饰风格，但展厅的设计和装饰无疑也是美轮美奂的艺术品，着实让人移不开目光。

温馨提示

❶ 开放时间为9月1日至5月31日10:00-18:00，周五、周六延至21:00，周二闭馆；6月1日至8月31日10:00-21:00，6月11日、7月2日、8月6日闭馆。

❷ 票价为500卢布。

056

克里姆林宫博物馆

皇宫里的宝库

关键词：世界第八大奇景、宫殿建筑群、大宝库
国别：俄罗斯

位置：莫斯科红场西侧
官网：www.kreml.ru

"莫斯科大地上，唯见克里姆林宫高耸；克里姆林宫里，唯见遥遥苍穹。"遥遥苍穹下，克里姆林宫还藏有什么？

🔵 克里姆林宫博物馆雄伟大气，景色优美

　　莫斯科市中心的克里姆林宫是世界著名的宫殿建筑群，享有"世界第八大奇景"的美誉。作为历代沙皇的宫殿，克里姆林宫历史悠久。从12世纪的上半叶开始，克里姆林宫从一个木结构的城堡逐渐发展成为一组宏大且闻名世界的建筑群，成为俄罗斯著名的文化遗产和政治中心，它见证了俄罗斯从一个大公国发展成为横跨欧亚的强国的全部过程。今天的克里姆林宫除了是俄罗斯总统府的所在地，更是一座享誉

世界的文化艺术宝库。向游客开放的克里姆林宫博物馆，全名为"克里姆林宫国家历史文化遗产博物馆"，就位于克里姆林宫内。博物馆主要包括兵器博物馆和教堂广场建筑群，已被联合国教科文组织列入《世界遗产名录》。

克里姆林宫博物馆已有200多年的历史，博物馆的名称历经多次变更，从19世纪初的"兵器陈列馆"到今天的"克里姆林宫博物馆"，共变更了6次，但馆内藏品高超的艺术水准和独特的历史文化价值是博物馆一直享有世界盛誉的保证。

克里姆林宫博物馆的藏品只能用"海量"和"珍贵"来形容：兵器库里陈列的马车都是曾经在国家级仪式上亮相的大师级杰作，来自莫斯科、圣彼得堡、巴黎、伦敦、维也纳、柏林等不同国家和地区，不同样式不同结构，但同样呈现出宝贵的历史痕迹。马具收藏也是博物馆内很有意思的一部分，装饰华丽豪奢的马具是俄罗斯统治者身份地位的装点，也是俄罗斯传统工艺的精美展示。圣像收藏是博物馆馆藏的一大特点，馆内收藏的圣像约有3 000个，时间跨度长达千年。陶器和玻璃馆藏约2 500件，包括软瓷、硬瓷和骨瓷等陶瓷制品，玻璃分透明玻璃和彩色玻璃，还有镶金银饰品等玻璃制品。馆藏纺织品约4 000件，制造时间是14—20世纪，不同纹路、不同色彩、不同宗教用途和世俗用途的纺织品均在收藏范围之内，这对于了解俄罗斯的纺织工艺和民族审美都有极高的参考价值。馆藏的勋章和奖章有4 600多个，这是了解俄罗斯历史特别是政治和军事历史的重要窗口。馆藏考古文物约有1 000个，藏品时间跨度超过2 000年，最古老的是石器战斧。馆藏建筑零件有4 000多个，这是见证俄罗斯特别是克里姆林宫建筑发展的实物证据。馆藏的8 000多张照片和3万张底片是博物馆内"群体"比较庞大的一部分，具有特殊的历史价值和艺术价值。俄罗斯沙皇的象征物虽然只有39个展品，但都是价值连城的珍品。馆藏兵器盔甲约有800个，是9—20世纪的遗物，这是俄罗斯冷兵器和热兵器时代的代表。俄罗斯工艺品是馆藏中最主要的部分，工艺品多达1.32万个，这些由贵重金属和宝石制作的珠宝饰品是俄罗斯千年工艺的完好展示。国外艺术金属制造品同样是博物馆馆藏的核心，9 000多件藏品到底会制造怎样的视觉盛宴，这只能由游客亲自去体会了。除以上列举，博物馆内的硬币纸币、油画、黑白灰画图、钟表、手稿、手抄本和古版印刷书籍也是"海量"馆藏的一部分，是俄罗斯历史文化构成不可或缺的元素。

这就是俄罗斯克里姆林宫博物馆，一座无法用语言和文字仔细描绘的大宝库，如果不走进克里姆林宫的历史深处，又怎么能给自己制造一场视觉的文化盛宴呢？

温馨提示

❶ 开放时间为 10:00-17:00，每周四闭馆。

❷ 票价为大伊凡钟楼 350 卢布，教堂广场建筑群 700 卢布，兵器库 1000 卢布，16 岁以下青少年免费参观。

艾尔米塔什博物馆

世界艺术的圣殿

艾尔米塔什博物馆是圣彼得堡的标志性建筑，也是俄罗斯最重要的艺术博物馆，其建筑风格之多样、收藏之广博，足以使它跻身世界四大博物馆（其他3个为英国伦敦大英博物馆、法国卢浮宫、美国纽约大都会博物馆）的行列。

关键词：馆藏丰富、气势宏伟、皇家气派

国别：俄罗斯

位置：圣彼得堡涅瓦河畔（宫殿滨河路34号）

官网：www.hermitagemuseum.org

🔴 博物馆内珍藏的艺术品错落有致地摆放着

圣彼得堡最雄伟美丽的建筑是冬宫广场，冬宫广场上最引人注目的是艾尔米塔什博物馆。博物馆的建筑华丽雅致，馆藏丰富，在圣彼得堡，还有比它更值得游览的地方吗？

博物馆由冬宫、小艾尔米塔什、旧艾尔米塔什、艾尔米塔什剧院、新艾尔米塔什和冬宫储备库6座建筑构成，是一组气势宏伟、布局协调的巴洛克式建筑群，其中前5座建筑对公众开放。这一组建筑群本就是一座庞大的建筑艺术品。但"艺术品"内还囊括了无数的艺术品，这些艺术品的汇聚是从著名的俄国女皇叶卡捷琳娜二世开始的。1764年，叶卡捷琳娜二世从柏林购进了伦勃朗等名家的250幅绘画放进她的私人宫邸艾尔米塔什（意为"幽居之宫"），开启了艾尔米塔什的收藏历史，此后，藏品日益增多。1852年，艾尔米塔什向公众开放，皇家宅邸和私人收藏逐渐向公众露出了真面目。

博物馆现有350多个展厅，展览面积共9万平方米，展览线路长达22千米，人称世界上最长的画廊。这座"画廊"分为原始文化部、古希腊和罗马部、东方民族文化部、俄罗斯文化史部、钱币部、西欧艺术部、科学教育部、修复保管部等8个部门，藏品达270万件，包括油画、线条画、雕塑、钱币、考古文物、奖章、纪念章、手工艺品等，仅冬宫就有近1 100个房间，试想，要全部浏览完馆内藏品，得需要多长时间？

这样一座大宝库是难以用语言和文字来尽数概括的。馆内最引人注目的展厅是彼得

大帝展厅。展厅按宫廷原貌陈列，楼梯、护栏、墙面等都是用洁白的大理石打造的，鎏金的灯饰和雕花金碧辉煌，巨幅浮雕豪奢贵气。厅内彼得大帝2米高的仿真人蜜蜡塑像威严英武，尽显一代雄主的恢宏气象。作为俄国历史上最伟大的帝王，彼得大帝对俄罗斯经济、政治、文化、教育、科技等方面贡献巨大。

西欧的艺术品是馆藏中的"皇冠"，近60万件的藏品，单单常设陈列就已经超过100个展馆，而绘画作品是藏品中最珍贵的部分。14—20世纪长达700年的时间跨度，从文艺复兴时期的作品到19世纪、20世纪的现代主义画作，从"美术三杰"达·芬奇、拉斐尔、米开朗琪罗到后印象派的塞尚、凡·高、莫奈，从17世纪最伟大的画家伦勃朗到20世纪最著名的画家毕加索，根据展厅设置的路线慢慢浏览，一部西方绘画史在游客的脑海里就基本勾勒完毕了。

在亚洲展馆，中国厅无论如何也不容错过。中国的甲骨文、刺绣、敦煌千佛洞的壁画、传统书画作品乃至来自中国青藏高原地区的宗教画唐卡，许多在国内未必得见的瑰宝都可以在这个博物馆里一睹真容。

其实无须多说，如果想见识俄罗斯曾经的皇家气派，如果想一览欧亚珍稀艺术品的真容，如果想走进俄罗斯的历史深处，就到这个让人应接不暇的地方来吧！

温馨提示

❶ 开放时间为周二至周六 10:30-18:00，周日 10:30-17:00，每周一闭馆。
❷ 票价为 400 卢布。

058

普希金造型艺术博物馆

"特别珍贵文化遗产名录" 上的名字

以伟大诗人的名字命名，以世界名作镇馆，以国家实力为后盾，这就是普希金造型艺术博物馆的底气。

关键词：普希金、馆藏中的 "明珠"、绘画陈列

国别：俄罗斯

位置：莫斯科

官网：www.arts-museum.ru

⑥ 导览人员为游客讲解普希金造型艺术博物馆内的雕塑

普希金造型艺术博物馆是俄罗斯展示世界艺术品最多的博物馆之一，其地位仅次于艾尔米塔什博物馆。博物馆于1912年正式开馆，原称 "精品艺术博物馆"，是莫斯科大学的一个教学分部，1937年为了纪念俄国最伟大的诗人、"俄国小说之父" 普希金逝世100周年而改名为 "普希金造型艺术博物馆"。

博物馆收藏了从古埃及、古巴比伦时期至今的不同时代、不同地区的艺术品，有雕塑、绘画、钱币、花瓶、考古文物、摄影艺术等约67万件，其中欧洲雕塑和绘画是馆藏中最吸引游客的部分，可谓馆藏中的 "明珠"。

古希腊展厅是众多展厅中的 "头牌"，展示古希腊帕提侬时期（5世纪后半期）保留下来的雕塑摹塑品、雅典卫城的实物模型等，各种雕像和浮雕为世人展现了古希腊在雕塑方面的杰出成就，更为后世传承雕塑艺术提供了摹本。古埃及的展厅也充满了古文物和艺术的浓厚气息，800多件展品展现了古埃及数千年的艺术成就，各种石雕、木雕、器皿、装饰品、木乃伊、石棺等，为世人揭开了古埃及神秘的面纱。在古代文明艺术展厅，来自西亚、南亚次大陆、地中海、中美洲、南美洲等大洲及地区的艺术品也被博物馆囊括在内，陶瓷、酒器、器皿、雕塑，应有尽有。在拜占庭和意大利艺术厅，展示的是中世纪至文艺复兴

⑥ 普希金造型艺术博物馆壮观的建筑外观

时期的艺术品，艺术发展轮廓和艺术线索清晰。

馆内的绘画作品是馆藏的重头戏，馆内陈列的绘画约有4 500幅。珍贵的藏品一方面是来自荷兰和法兰德斯画家，如人称17世纪最伟大的画家伦勃朗、巴洛克时代的伟大画家约尔丹斯、擅长静物画的斯尼德斯、欧洲第一个巴洛克式画家鲁本斯和曾经领导了英国150年肖像画的凡·戴克；另一方面来自法国画家，如法国18世纪洛可可时期最重要的画家华托、将洛可可风格发挥到极致的画家布歇、古典主义画派奠基人大卫、法兰西最杰出的风景画画家科罗以及其他流派的画作。馆内还拥有世界上最优秀的法国印象派画家如莫奈、毕沙罗、雷诺阿、凡·高、高更、塞尚等大师级画家的作品。另外，野兽派创始人马蒂斯和现代艺术的创始人毕加索的作品也在馆藏的行列中。

所以，爱好艺术的人们，当艺术大师在用色彩和线条以及毕生的艺术造诣在召唤知音的时候，走进普希金造型艺术博物馆，就是对美好生活的最佳回应。

温馨提示

❶ 开放时间为周二、周三、周五至周日 11:00-20:00，周四 11:00-21:00，周一闭馆。
❷ 票价为 300 卢布，16 岁以下免费。

059

特列恰科夫美术博物馆

画家的无上荣耀

想要了解俄罗斯300年的艺术发展史，就到特列恰科夫美术博物馆去吧，那是俄罗斯本土艺术的胜地。

关键词：执着和痴狂、俄罗斯画派、特列恰科夫兄弟

国别：俄罗斯

位置：莫斯科市中心

官网：www.tretyakovgallery.ru

❻ 博物馆外的雕塑

　　特列恰科夫美术博物馆，起源于俄国纺织巨子、著名的艺术品收藏家巴维尔·米哈依洛维奇·特列恰科夫对艺术的执着和痴狂。特列恰科夫从1856年开始筹建画廊，之后便大量收购画作，立志为莫斯科创建一所著名的艺术馆。1881年，特列恰科夫私家画廊开始免费对外开放。当时能进入特列恰科夫私家画廊的画作都经过严格筛选，画作的质量为时人所认可，故当时俄国画家都以画作能进入此画廊展出为莫大的荣耀。特列恰科夫的弟弟谢尔盖也是一名艺术收藏家，尤其喜好欧洲的油画。早逝的谢尔盖在去世前将藏品托付给了特列恰科夫。19世纪末，特列恰科夫将全部藏品捐献给了莫斯科当局，并于1898年花重金买下了他一生所能购买的最后一件画作——列维坦的《永恒的宁静》的草图。对于特列恰科夫对俄国美术发展的巨大贡献，俄国著名画家、"巡回展览画派"的主要代表人物列宾曾评价说："特列恰科夫在自己的双肩上担负起建立整个俄罗斯画派的重任。"

　　美术博物馆现有藏品近13万件，固定展厅超过60个，长期展览面积约2.2万平方米，除此之外，还有流动展厅约1 400平方米，年均参观人数达到150万人次。虽然美术博物馆收藏了10—20世纪的艺术品，但毫无疑问，作为俄罗斯本土画家的聚集地，俄罗斯本国著名画家的画作应该是最值得欣赏的，特别是俄罗斯"巡回展览画派"大师的油画。19世纪70年代出现的"巡回展览画派"是俄罗斯绘画史上的辉煌一页，这个流派以面向现实、表现

生活与人的思想情感为艺术创作的宗旨，并以此刷新了欧洲艺术史，在世界绘画史上留下了浓墨重彩的一笔。

"巡回展览画派"的发起人和组织者克拉姆斯科伊作为俄国著名的画家，对欧洲和世界绘画都有巨大的影响。克拉姆斯科伊生平的创作，除了一部分被列宁格勒国立俄罗斯博物馆收藏，其余的基本留在此美术博物馆。《无法抑制的悲痛》《无名女郎》《基督在旷野》都是他的作品。"巡回展览画派"的另一名组织者、俄国著名的风俗画家、肖像画家、历史画家瓦西里·格里高里耶维奇·彼罗夫的油画也在此美术博物馆中陈列，他的《送葬》描绘了一个失去抚养者的家庭的悲剧，整个画面笼罩着浓重的悲哀情调，极富艺术感染力。俄国19世纪后期伟大的俄国批判现实主义画家列宾也是美术馆尊贵的"座上宾"，馆内陈列的《伏尔加河上的纤夫》是他现实主义绘画杰出的代表作之一，更是列宾的成名之作。至于其他著名画家如苏里科夫、瓦斯涅佐夫、列维坦等，他们的作品也都是反映俄国社会，给俄国画坛注入新鲜血液的佳作。

艺术的世界浸润了人类美学的智慧，艺术家固然值得尊敬，但为艺术的发扬光大做出卓著贡献的人，比如特列恰科夫兄弟，也是永远值得艺术爱好者尊敬的，因为那也是对艺术的坚守，而这也应该算是特列恰科夫美术博物馆的精神价值吧！

温馨提示

❶ 开放时间为周二、周三、周日 10:00-18:00，17:00 停止售票；周四、周五、周六 10:00-21:00，20:00 停止售票；周一闭馆。

❷ 票价为 400 卢布，18 岁以下学生免费。

060

俄罗斯伏特加博物馆

伏特加让人着迷的秘密

关键词：民族血液、伏特加酒文化

国别：俄罗斯

位置：圣彼得堡近卫骑兵路4号

官网：无

博物馆内珍藏的古代酿酒器具

　　欧洲酒文化与亚洲酒文化一样源远流长：法国拥有享誉世界的葡萄酒，德国出产家喻户晓的啤酒，俄罗斯则热烈拥抱著名的烈性酒伏特加。伏特加是一种以谷物或马铃薯为原料，经过蒸馏制成高达95%VOL的酒精，再用蒸馏水稀释至40%VOL~60%VOL，最后经活性炭过滤而成的传统酒精饮料。在俄语里，"伏特加"一词源于"水"，由此可见俄罗斯民族将伏特加当成水看待。既然是"水"，如果没有了它，俄罗斯人自然活不下去。所以，近几百年来，伏特加就是流淌在俄罗斯民族血液里的"生命之水"，在俄罗斯民族的肉体和精神世界里沸腾了数百年之久。这样一个热爱伏特加的国度，特别是将伏特加视作"第一任妻子"的俄罗斯男人们，怎么能忍受他们的国家没有伏特加博物馆呢？

　　在圣彼得堡就有数座伏特加博物馆，其中位于圣彼得堡近卫骑兵路4号的伏特加博物馆是名气较大、参观人数较多的一座。这座博物馆的成立得益于3个热爱伏特加的男人的一场"偶遇"。在一次旅途中，一名教师、一名医生和一位工程师因饮品伏特加而结缘，他们遗憾国家没有一座高水准的伏特加博物馆，于是志同道合的3个人约定为建立一座能让他们满意和骄傲的伏特加博物馆而努力。经过多番奔走，博物馆最终成立，且名声日益盖过其他伏特加博物馆。

　　博物馆以弘扬伏特加酒文化为己任，馆内的基本陈设有以下几项：一是翔实的历史文档资料，详细介绍伏特加的历史和酿造；二是不同时期的伏特加实物，包括酒精度超过90%VOL的伏特加和苏联卫国战争时期士兵饮用的伏特加；三是不同质地不同款式的伏特加酒瓶，还有各种精美的瓶塞和瓶盖；四是不同品牌的伏特加，种类异常齐全；五是酿造伏特加的设备，等等。游客在参观时如果希望品一品俄罗斯的"国酒"，可以花费300卢布，品尝3种伏特加和1种点心。当然，饮酒固然开怀，但也切莫贪杯。俄罗斯男人饮酒往往失去节制，饮酒变成酗酒，给国家和家人、自己带来了许多负面影响，故而博物馆也承担着宣传、告诫国人不可过量饮用伏特加的重任。

　　行走异国，品味异国风情，偶尔让性烈如火的伏特加灼烧一下情怀，未尝不是一次快意的体验。

温馨提示

❶ 开放时间为 12:00—19:00。

❷ 票价为自行参观 150 卢布；导游带领参观 300 卢布，时长约 30 分钟；体验参观 300 卢布，品尝 3 种伏特加和 1 种点心。

第六章　俄罗斯的杰作

061

俄罗斯人类学民族学博物馆

对人类与民族的述说

这是彼得大帝亲自下令建造的博物馆，是俄罗斯第一座自然科学博物馆，但进馆参观前必须做好心理准备，因为展品有些令人惊悚。

关键词： 人体标本、科学界泰山北斗

国别： 俄罗斯

位置： 圣彼得堡大学滨河路3号

官网： www.kunstkamera.ru

　　彼得大帝是俄罗斯历史上最伟大的帝王，对近代俄国的政治、经济、文化、教育、科研方面有着无可替代的贡献。俄罗斯人类学民族学博物馆，就是18世纪初彼得大帝下令建造并免费对公众开放的自然科学博物馆，彼得大帝认为人们对科学知识的追求应该得到满足，应该"受到教育和接待，而不是还要剥夺他们的金钱"。

　　博物馆位于圣彼得堡市瓦西里岛大学沿岸街、著名的艾尔米塔什博物馆对面，是一座薄荷绿色与白色相间的巴洛克式建筑。在这座色调淡雅清新的建筑内，展览着彼得大帝花重金从世界四大洲收集而来的人类学和民族学资料，其中包括许多人体标本，但更

🔴 博物馆内展出的服饰

🔵 绿白相间的博物馆建筑，美丽而典雅

多的是畸形儿标本。展品林林总总100余万件，其中人种学、人类学和考古学方面的藏品不仅数量庞大、品质精致而且科研价值极高。

博物馆的一层主要介绍俄罗斯及俄罗斯周边国家的人类发展史，馆内展示了多个不同种族的历史及生活文物，蜡像和服装道具、人体标本、动物标本等一应俱全，是了解人类学和民族学的绝佳去处。但博物馆二层展厅的展品有些"骇人"，被解剖的畸形儿和反常人类的展览让游客多少有些不适，好在许多"怪胎"都经过了艺术化的处理。展馆内比较引人注目的是由荷兰医学博士、著名的解剖学家弗雷德里克·勒伊斯制作的"湿的"标本作品，包括婴儿标本、人体器官和头部。勒伊斯在制作标本上有独特的天赋，不但能使标本几百年不腐烂，还可以将标本美学化和娱乐化，一如勒伊斯本人所言："我死都死得这么迷人。"1717年，爱好收集人体标本的彼得大帝花费了3万荷兰盾将勒伊斯的全部标本收购，并将这些美丽而珍贵的标本安放在博物馆中展出。

虽然这是一座非同寻常的博物馆，也有人告诫说"胆小者勿进"，但作为一家向公众展示人类学和民族学知识的教育和科研机构，博物馆自然有它存在的价值和意义，所以，博物馆绝非是畸形的标本秀，更不是猎奇者的聚集地。还有一点值得提起的是，博物馆的瞭望塔三楼还有一座罗蒙诺索夫博物馆，罗蒙诺索夫这位俄国历史上百科全书式的科学家被誉为"俄国科学史上的彼得大帝"，诗人普希金曾经将他比喻为"俄罗斯的第一所大学"。所以，如果可以，不妨移步"探访"这位伟大的科学家，瞻仰一番俄罗斯科学界泰山北斗的风采。

第六章 俄罗斯的杰作

171

0062

炮兵博物馆

战斗民族的荣光

这是一座庞大的兵器库，从冷兵器时代的弓弩长矛到现代化的大杀伤力热兵器，见证了俄国历史上大大小小的无数战事。

关键词：冷兵器、热兵器、威赫一时

国别：俄罗斯

位置：圣彼得堡彼得格勒区彼得保罗要塞对面（圣彼得堡亚历山大公园7号）

官网：无

🔴 博物馆内珍藏的老兵塑像

　　圣彼得堡、彼得格勒、列宁格勒，是同一座城市不同时期的名称，是俄罗斯的第二大城市，是俄国著名的历史和文化名城。该城市建造于18世纪初期，下令建造城市的是俄国最伟大的君主彼得大帝。圣彼得堡的建筑很美，被誉为"地上的博物馆"；圣彼得堡的文化内涵也很丰厚，全市50多座博物馆已经昭示了城市的过去。在众多博物馆中，有一座博物馆以铁血记录了城市曾经的腥风血雨和连天烽火，这座博物馆就是圣彼得堡炮兵博物馆。

　　炮兵博物馆，全称是"炮兵及工兵部队、通信部队的军事历史博物馆"，位于圣彼得堡彼得格勒区。它的前身是作为彼得保罗要塞防御网一部分的弹药库，"二战"后被开辟为炮兵博物馆。博物馆是一座外形呈"U"形的庞大建筑，充满了历史痕迹。馆内收藏了数十万件从古代俄罗斯到20世纪的冷热兵器，14—20世纪，跨越数百年，几乎见证了俄国从一个大公国到地跨欧亚的军事大国的全部军事历史。

　　博物馆的藏品小到手枪，大到战略导弹，从冷兵器匕首弓弩到热兵器迫击炮，大致勾勒了一个军事强国的崛起和发达的全过程。博物馆的展览大致可分为两部分，一部分是馆外的展览，200门火炮在博物馆外的空地上整齐排开，这其中包括人称"火炮中的怪兽"的2A3原子火炮、2S5式"风信子"加农炮、2S19加农炮、2S3加榴炮、2S7"芍

🔴 炮兵博物馆门前的古代炮兵与大炮模型

药"、ISU-152重型突击炮等，让人大开眼界，也让军事迷心花怒放。

　　馆内的兵器和军事资料更加全面地诠释了俄国作为一个军事大国的强悍。冷兵器如马车、匕首、弓弩、盔甲等暂且不说，火炮是博物馆当仁不让的主角，从诞生于1904年日俄战争、被军事史认定为世界上第一门便于行军的迫击炮开始，到"二战"时期苏联纵横苏德战场的35万门迫击炮、加农炮、反坦克炮，都是战场的利器。所以"炮兵博物馆"的名称是名副其实的。博物馆内还有其他声名远播、威赫一时的武器，比如世界上第一部导弹发射系统、AK-47自动步枪等，都是苏联军事史上特别值得铭记的发明创造。

　　作为世界闻名的军事博物馆，馆内收藏的冷热兵器和轻重兵器是世界上同类博物馆中最完整的，也是古罗斯公国、沙皇俄国到现代俄罗斯的军事发展历程。在俄国的军事发展史上，不能不提及的就是醉心于西方军事技术的彼得大帝，正是在他当政的时候，俄国的军事迅速发展并得到健全。数百年过去，俄国从落后到兴盛，从一个扶木犁的农业国到发达的工业化国家，从拥有核武器的超级大国到20世纪末的分崩离析，个中原因，或者可以从炮兵军事博物馆中找到部分答案。

温馨提示

❶ 开放时间为 11:00-18:00（闭馆前 1 小时禁止入场）；每周一、周二和每月最后一个周四闭馆。

❷ 票价为 300 卢布，学生票 150 卢布，照相和摄像需额外购票。

普希金故居博物馆

伟大诗人的行吟

关键词：俄国文学之父、凄美氛围　　**位置**：圣彼得堡莫伊卡河岸12号
国别：俄罗斯　　　　　　　　　　　　**官网**：www.museumpushkin.ru

伟大诗人生前的最后几个月，就是在这座淡黄色的小楼中度过的。180多年过去，不知道小楼里是否还残留着几许诗人的气息。

🔆 外形漂亮的普希金故居博物馆

　　亚历山大·谢尔盖耶维奇·普希金，俄国著名文学家、伟大诗人，人称"俄国文学之父"。他最著名的短篇小说《黑桃皇后》以及他的诗歌《假如生活欺骗了你》妇孺皆知。俄国作家陀思妥耶夫斯基赞美他说："在普希金面前，我们都是一些侏儒，我们中间已经没有他那样的天才了，他的幻想多么有力、多么美！"可惜诗人英年早逝，年仅38岁。在与世长辞前，诗人就在小楼里和他的亲人告别，包括他年轻美丽的妻子普希金

博物馆内陈列着普希金曾用过的生活用品

娜。诗人去世后，他的妻子遵照诗人的遗言离开了这个伤心地，从此寓所便荒废了。直到1924年，寓所被修缮，并于1937年普希金逝世100周年时对公众开放。

博物馆坐落于莫伊卡河畔，被悄然流淌的河水包裹着。进入故居参观，得穿上博物馆提供的免费鞋套以保护故居内的珍贵文物。馆内收藏着普希金的书稿、收藏品、生活用品，展示着当年诗人的生活场景，给后人提供了一个凭吊诗人的机会。这是一个应该静下心来参观的地方，诗人的书稿字迹漂亮，诗人的自画像线条流畅，表情多变；诗人当年与法国军官丹特士决斗后重伤回到寓所时所躺的沙发还在；诗人貌美如花的妻子还保留着美丽的舞鞋；诗人的书房似在等待着主人的归来；诗人与人决斗的手枪似乎还散发着子弹飞射出枪膛时的一丝热气；诗人好友给他书写的病情报告宛若流淌着浓烈的悲伤……故居不大，但每个展厅均有专人负责，并打扫得一尘不染，一如诗人在世的时候。

虽然参观故居不需要花费太多的时间，但诗人悲情、短暂的一生让人唏嘘，而这位以他伟大的文学作品给俄国文学跻身世界先进文学行列开辟道路的文学巨匠则让人万分钦佩。从故居出来，如果还沉浸在故居营造的凄美氛围里无法自拔，不妨到与故居相连的院子坐坐，喝一杯咖啡，细细体味诗人的爱恨情仇，这未尝不是一种收获。

温馨提示

❶ 开放时间为周一、周三至周日 10:30-18:00，周二、每个月的最后一个周五闭馆。

❷ 票价为 200 卢布。

第六章 俄罗斯的杰作

意大利的遗产

曾经孕育了罗马文明和伊特拉斯坎文明的意大利，文化底蕴丰厚；作为欧洲曾经的贸易和商路中心，文艺复兴在意大利的兴起也成为历史的必然选择。所以残破的古老文物也好，"人类绝无仅有的天才"达·芬奇也罢，都是意大利的稀世珍宝。

064

罗马国立博物馆

残破场馆中文物价值连城

世界最主要的古典艺术博物馆，虽然经常被媒体批评"展馆场馆破旧简陋"，但馆内的文物却价值连城。

关键词：艺术珍品、古代雕像、雕刻艺术

国别：意大利

位置：罗马中央火车站旁

官网：www.roma2000.it

🔴 博物馆展览的大型雕塑

意大利是孕育罗马文化和伊特拉斯坎文明、拥有47项世界遗产的国家；罗马是古罗马和西方世界灿烂文明的发祥地，人称"永恒之城"，是著名的世界文化名城。这里沉淀了数千年的历史遗迹，积累了丰富的文化遗产，是世界人民瞻仰古典文化的高地。罗马国立博物馆就矗立在这座高地上。

博物馆于1889年设立，主要陈列19世纪70年代后在罗马出土的浮雕、古代雕像和镶嵌画，20世纪初收购的原意大利主教L·罗多维希所藏珍宝和之后在罗马市区郊区等处出土的文物。文物多半是贵族府邸、神庙、公共设施和墓室的装饰物，珍贵而美丽。因文物数量众多，故分多处场馆展出，这些场馆都是罗马国立博物馆的组成部分。博物馆的主要

陈列分3个部分：一是雕刻，主要展出古希腊的雕刻和古罗马时期复制的古希腊雕像；二是古罗马原作；三是壁画。不管是壁画、雕像还是浮雕，都是世界级的古代艺术珍品。

馆内著名的古代雕像是博物馆的一大看点，最著名的是奥古斯都雕像，其他的包括《阿波罗和七弦琴》《路德维希战神》《温泉浴场的拳击手》《塞琉古王子》《掷铁饼者》《维纳斯》《雅典娜》《得莫忒耳》等，充满了力量和人体美，是古典艺术的精粹，如《掷铁饼者》被称作"空间中凝固的永恒"，标志着古希腊雕刻艺术的成熟，是古希腊雕刻艺术的里程碑。馆内的浮雕有的是壁炉上的雕刻装饰，有的是石棺的雕刻装饰，有的展现战争的场面，有的是美丽的裸女，或是恢宏的场面，或是健美的人体，让人不禁惊叹于古希腊和古罗马时期人们的艺术造诣。馆内的壁画也很精美，1953年发现并得以复原的壁画有《利比亚别墅壁画》《法尔涅吉纳壁画》等。展馆还有一个值得欣赏的部分就是古钱币，从古罗马时代的钱币到近代意大利的钱币在博物馆中均有所收藏，数量约有2万枚，并且呈现出完整的发展脉络，十分难得。

作为西方文明发祥地的古希腊和古罗马距离今天已经非常遥远，但博物馆无疑就是今人和古人沟通的重要桥梁。走进罗马国立博物馆，与古人对话，走进古人的精神世界，欣赏古典艺术的美感，不失为提升自己的绝佳途径。

温馨提示

❶ 开放时间为9:00–19:00，周一和12月24日、12月25日、12月31日闭馆。

❷ 票价为7欧元（可参观4个场馆），17岁以下免费参观。

第七章　意大利的遗产

065

庞贝古城

天然的历史博物馆

仅18个小时，火山灰便湮没了人类的千年文明。1 000多年后，意大利人才扒开了火山灰，发现了这座沉睡了千年的古城。

关键词：震撼世界、废墟、用身体活着

国别：意大利

位置：西南沿海坎帕尼亚地区

官网：www.pompeiisites.org

🔴 庞贝古城石化的人们

　　意大利南部的维苏威火山南麓，距离那不勒斯湾20多千米处，有一座被火山灰掩埋了近2 000年的庞贝古城，联合国教科文组织将这里定为世界文化和自然遗产，世人则称之为"天然的历史博物馆"。

　　庞贝原是罗马帝国境内仅次于罗马的第二大城市，据考古发现，城市面积约有2平方千米，城市四周环绕着近5 000米长的石砌城墙，城内南北大道各有2条，将城市切割成整齐的9个街区。街区内的道路宽敞坚实，足够庞贝人纵马驰骋。街区内的店铺、手工作坊、娱乐场所、旅馆、妓院等鳞次栉比，一派繁荣富庶的景象。可惜在79年，维苏威火山爆发，仅18个小时的时间就将庞贝城覆盖在火山灰下，不留痕迹地将一座发达的城市从地面上抹去。转眼1 000多年过去，当时间来到18世纪初，才有一位历史学家在翻阅史料的时候意外发现维苏威火山南麓还曾经有过一座城市。随着考古工作的陆续进行，庞贝古城终于向世人露出了它1/3的真容。尽管只是1/3的断垣残壁，但已经足够震撼世界。

　　游览庞贝古城，触目所见当然只是废墟。神庙、广场、私人豪宅、谷仓、妓院、店铺、澡堂、竞技场……城市的面貌就通过考古的成果一点一点地描述了出来。从已经挖掘的古城可以看出，庞贝的手工业和商业很发达，庞贝人也注重养生和娱乐，而娼妓文化在当地也

🔴 庞贝古城依旧完整的城市遗迹

很流行，意大利政府花费了25万美元恢复了庞贝最豪华的妓院的旧貌。在众多的遗址中，庞贝的墙壁非常有特色，处处可见涂鸦，而涂鸦的内容则反映了庞贝人率真、直接甚至质朴的个性，如诅咒人的"啊！杰斯，愿你溃烂的脓包再次裂开，比上次疼得还要厉害"。

庞贝古城开放面积不小，如果有足够的时间，可以花上一天在古城里游荡一番，想象这里被火山灰瞬间凝定的庞贝人，如那坚守岗位的士兵，那戴着镣铐、无法逃离的奴隶，那来不及逃跑瞬间毙命的普通市民，他们的表情或痛苦，或绝望，或平静，他们的动作或蜷缩，或站立，或拔腿欲跑，足够可以让人领略到当年维苏威火山爆发时的猛烈和无情。当然，这里宏伟的建筑、丰富的城市文化，甚至是"用身体活着"的庞贝人，都能让人感慨城市曾经的骄奢淫逸，是典型的罗马风格。

德国最伟大的作家歌德曾经说："在世界上发生的诸多灾难中，还从未有任何灾难像庞贝一样，它带给后人的是如此巨大的愉悦。"歌德所言的"愉悦"，或许指的更多是庞贝给后人带来的巨大想象空间吧。无论如何，庞贝确实是一个伟大的"天然的历史博物馆"。

温馨提示

🔴 开放时间为4月1日至10月31日周一至周五9:00-19:30，周六、周日8:30-19:30；11月1日至次年3月31日周一至周五9:00-17:00，周六、周日8:30-17:00；1月1日、5月1日、12月25日不开放。

🔴 票价为16欧元。

066

国家考古博物馆

古希腊和古罗马的"复活"

关键词：古希腊、古罗马、大量文物　　**位置**：那不勒斯
官网：www.museoarcheologiconapoli.it/en
国别：意大利

那不勒斯国家考古博物馆是世界知名的博物馆，以馆内收藏颇丰的古文物而受到博物馆界和学术界的重视。馆内的庞贝古城文物，是其最引以为傲的收藏品。

博物馆内的雕塑艺术品

　　那不勒斯国家考古博物馆创建于18世纪后期，是波旁王朝的皇族查尔斯为安置他母亲收藏的古董而建立的。馆内收藏了古希腊、古罗马、古埃及的大量文物，包括画像、雕刻和青铜器等。后来博物馆又成了安置庞贝古城和赫库兰尼姆古城出土文物的主要场馆。

　　博物馆的陈列品又可分为雕塑、浮雕、石棺、壁画、玻璃器皿、珠宝饰物等。一层

主要陈列各种雕塑，半裸或是全裸，大部分是真人大小的雕塑，也有的体型很大。厅内最值得关注的是用白色大理石雕刻的特拉伊亚诺皇帝雕塑，属于古罗马文明文物，高210厘米，底座长62厘米，宽52厘米。雕塑身着阅兵式军装，一派征服者的凛凛威风，让人望而生畏。维纳斯像高203厘米，神态生动，眉目有情；庞贝古城出土的白色大理石鲁弗雕像文物价值颇高，是研究庞贝古城的珍贵文物资料。

博物馆的二层主要展出庞贝古城出土的壁画，有的是舞蹈着的妙龄女子，有的是神情愉悦的神祇，有的是动物，有的是生活的娱乐场景等，色彩艳丽，题材多样，人物栩栩如生，让人惊叹。在众多壁画中，非常值得留意的是《亚历山大和大流士三世在伊苏斯战役》的壁画。据说庞贝古城的壁画有75%未能从古城中揭下来，很是遗憾。这些壁画都是了解古代庞贝的政治、经济、文化、审美、宗教信仰等的重要资料。二层还有一个神秘的性文化博物馆，是个仅向成年人开放的地方。此外，博物馆的底层还陈列着古代埃及精美的手工艺品，也是非常值得参观的。

温馨提示

❶ 开放时间为9:00-19:30，每周二、1月1日、5月1日、圣诞节闭馆。

❷ 通票为18欧元，未满18岁公民、每月第一个周日所有参观者免费。

第七章 意大利的遗产

067

国家电影博物馆

在时光隧道里穿梭

关键词：寄托梦想、国际范儿、精神食粮

国别：意大利

位置：都灵市安东内利尖塔内

官网：www.museocinema.it

⊙ 电影博物馆内的经典作品海报

　　都灵是意大利的第三大城市，又是著名的汽车城，更是一座历史悠久的古城。人人都知道它是意大利"最甜"的地方，享有"巧克力之都"的美名。都灵在电影诞生之初，曾经是意大利民族电影工业中心，后来随着电影产业向罗马转移，都灵的电影产业便逐渐萧条，但这座城市依然保留着热爱电影艺术的初心，都灵国家电影博物馆就是热爱电影艺术的都灵人寄托梦想的地方。

　　电影博物馆就在都灵市的地标安东内利尖塔内。博物馆共5层，首层是公共服务空间；二层通过各种展示介绍电影的历史，比如电影的产生、早期的放映机、与电影相关的光学原理等，普及电影的相关知识；三层有一个方形的中央大厅，大厅内装备了几套先进的电影视听设备，为游客放映意大利或者欧美的经典影片。游客可以边休息边欣赏电影，是一处设计非常人性化的地方。在其他楼层还分设有主题电影厅、电影制作馆、海报馆等，也展出部分著名电影的道具，比如《星球大战》的道具，科幻恐怖片《异形》的道具等，算是给了游客一个近距离接触电影的机会。

　　博物馆展览路线的设计非常科学且富有特色，因为博物馆内层是中空的，楼梯从一楼开始螺旋而上，构成一条长长的展览走廊，走廊里衣香鬓影，明星的剧照熠熠生辉，包括

🔴 电影博物馆外墙张贴着著名电影演员写真

玛丽莲·梦露、奥黛丽·赫本，特别是在电影史上留下过精彩瞬间的好莱坞明星的剧照。博物馆还设有如家庭一般温馨的休息区，甚至还有可以仰视光影的大床。馆内陈展的方式也非常现代化，其高科技手段的运用让博物馆看起来如梦如幻，也让游客更加容易理解与电影相关的技术和知识。应该说，这是一座具有国际范儿且独特时尚的电影博物馆。

有一家电影公司的广告词是这么说的："有一种生活很简单，就是每周看一场电影。"电影作为"第七种艺术"，已经深入现代人的生活，成为人们精神食粮的一部分。如果到了都灵，就算不登塔俯瞰都灵市的市容，也应该去参观一下电影博物馆，算是跟看一场电影一样，给自己补充点精神食粮。

温馨提示

❶ 开放时间为周二至周五 9:00-20:00，周六 9:00-23:00，周日 9:00-20:00，周一闭馆。

❷ 票价为 10 欧元，26 岁以下大学生 6 欧元，6 ~ 18 岁少年儿童 3 欧元，5 岁以下儿童免费。

068

达·芬奇国家科技博物馆

见证达·芬奇魔力的地方

关键词：达·芬奇、修道院、科技发展

国别：意大利

位置：米兰市政厅附近

官网：www.museoscienza.org

世界历史文化名城、时尚之都米兰是意大利文艺复兴的重镇，达·芬奇在这里工作和生活，给米兰留下了许多珍贵的遗产，包括世界名画《最后的晚餐》和他的手稿。

博物馆内景

　　达·芬奇是意大利文艺复兴的"美术三杰"之一，世人皆知他的绘画作品，如《蒙娜丽莎》《最后的晚餐》《岩间圣母》均是传世名画，是世界级的艺术珍品，因此世人都将达·芬奇视为欧洲文艺复兴时期最完美的代表和艺术巨匠，但有多少人知道，伟大的画家同时也是一名科学巨匠。艺术家、科学家、工程师，三者合一才能代表他的真实身份。在

科技博物馆的花园、庭院与廊柱

米兰有一家以达·芬奇命名的博物馆——达·芬奇国家科技博物馆就印证了达·芬奇的惊世才华，以致有人惊呼达·芬奇是疑似穿越的旷世奇才。

达·芬奇国家科技博物馆在米兰市政厅附近，是1953年为纪念达·芬奇诞辰500周年而建立的。博物馆建筑由一座16世纪的修道院改造而来，建立的初衷是为了纪念达·芬奇这位"人类历史上绝无仅有的全才"：画家、雕刻家、建筑师、音乐家、数学家、工程师、发明家、解剖学家、地质学家、制图师、植物学家和作家。但博物馆同时也承担了展示15世纪以来科技发展的状况，包括运输、冶金、物理和航海等方面的成就，是世界上重要的科技博物馆之一。

博物馆根据展品的不同内容分设了5个展厅，分别展出材料工程、通信科技、天文仪器、乐器工艺方面的藏品，大到蒸汽机、飞机、汽车、船、发电机，小到乐器如小提琴的制作等，展示了人类数百年来的科技发展状况。当然，馆内最值得参观的肯定是达·芬奇的手稿以及根据他的设计图制作出来的各种模型。达·芬奇手稿的内容包罗万象，纺织机、起重机、挖掘机、烤肉机、自行车、闹钟、温度计等，从生产到生活，涵盖了许多不同的领域；模型则有纺织机甚至蒸汽机和潜水艇等，让人直呼不可思议。

温馨提示

❶ 开放时间为周二至周五 9:30-17:00，周六、周日及节假日 9:30-18:30；周一（非节假日）、1月1日、12月24日、12月25日闭馆。

❷ 票价为 10 欧元，25岁以下、65岁以上的成人和13岁以下的儿童等 7.5 欧元。

069

圣马可博物馆

镶嵌在墙壁上的艺术珍品

圣马可博物馆，文艺复兴时期的胜地，湿壁画是馆内的精华。

关键词：湿壁画、安吉利科、佛罗伦萨宗教历史

国别：意大利

位置：佛罗伦萨市圣马可广场附近

官网：www.polomuseale.firenze.it

博物馆内著名的《天使报喜》湿壁画

　　佛罗伦萨，欧洲文艺复兴的发祥地，著名的世界艺术之都，绘画传统源远流长，绘画技艺蜚声国际。圣马可博物馆，是佛罗伦萨绘画历史的一个片段，是欣赏湿壁画的好地方。湿壁画是一种起源于13世纪意大利的刷底壁画的绘画方法，是墙壁绘画中最持久的形式，有色彩鲜明、肌理细腻、保存持久、色彩层次丰富的特点。

　　圣马可博物馆的前身是圣马可修道院。圣马可修道院修建于13世纪，后于15世纪早中期进行了扩建。修道院内的回廊和简洁的房间给之后湿壁画的绘制提供了便利条件。在修道院内绘制了大量壁画的是一位名叫弗拉·安吉利科的意大利文艺复兴早期画家。安吉利科是一名多明我会（天主教托钵修会主要派别之一）的黑衣修士，他只为教堂作画，而且只画宗教画。在多明我会接管了圣马可修道院之后，安吉利科和他的助手为修道院绘制了50幅清爽明丽的湿壁画，其中最著名的是《天使报喜》（又叫《受胎告知》）。

　　安吉利科是"天使般"的意思，画家的性格与他的名字一样，宁静平和，因此他的绘画也一如他的个性，呈现出清丽纯洁、柔美快乐的气息。《天使报喜》画的是圣母玛利亚和天使，是《圣经·新约》里的第一个故事：耶稣降生。少女玛利亚是大卫王后代木匠约瑟的未婚妻，一天，耶和华遣天使宣告她将未婚怀孕生孩子，生下的男孩必须取名耶稣。

玛利亚听了十分吃惊，天使告诉她，这是上帝的意志，应祝福。画上人物神态安详，背景简朴，整幅画透着宁静和圣洁，这正是安吉利科绘画的特点。著名画家、文艺评论家陈丹青先生非常推崇圣马可修道院的湿壁画，他说："安吉利科的湿壁画跟着教堂的结构走，所以教堂的结构有多宏伟，湿壁画就有多宏伟。他在二楼僻静小禅房里的每一幅画都如同长在墙上。"

圣马可修道院曾经居住过另一个多明我会的教士——佛罗伦萨宗教改革家萨伏那洛拉，博物馆内还有一个关于萨伏那洛拉的小型展览，这个展览也是了解佛罗伦萨宗教历史的一个窗口。

温馨提示

❶ 开放时间为周一至周五 8:15-13:50，周六、周日和节假日 8:15-16:50，每月的第一、第三、第五个周日和第二、第四个周一闭馆，1 月 1 日、5 月 1 日、圣诞节闭馆。

❷ 票价为 4 欧元，优惠价 2 欧元。

070

总督府

见证历史、财富和艺术的地方

关键词：精美灿烂、富丽堂皇

国别：意大利

位置：威尼斯市广场东侧

官网：palazzoducale.visitmuve.it

◎ 威尼斯总督府的入口，共和国总督和飞狮抱着哥特式门书

　　威尼斯被称为"水上城市"，是意大利文艺复兴的精华，是世界著名的历史文化名城，其绘画、雕塑、建筑、歌剧等都有卓绝之处。总督府，就完美展现了威尼斯绘画和建筑的卓越成就。

　　威尼斯总督府又称威尼斯公爵府，初建于9世纪，1483年受灾后重建，是共和国时代总督的住宅、办公室及法院所在地，是当时的政治中枢。今天的总督府已开辟为艺术博物馆，供世界人民瞻仰。

　　总督府是一座3层建筑，一层是哥特式连续拱廊，二层是火焰形尖券游廊，三层是间隔开窗的实体墙，墙面主体用玫瑰色和白色大理石交相敷贴，整座建筑显得纤巧轻盈，光泽莹润格调欢快。参观总督府，除了欣赏总督府的哥特式建筑，总督府内部装饰的豪奢华贵也让人咋舌。巨大的青铜门、30级的大理石台阶、战神和海神的巨大雕塑、大会议厅，华贵大气，精美灿烂，富丽堂皇。

　　总督府采用了大量的大理石雕刻、油画和壁画进行装饰，所以整个府邸就是一座艺术的宝库。在府邸内的绘画作品中，威尼斯画派的绘画是其中的精华。威尼斯画派是意大利文艺复兴时期的主要画派之一，画作风格明快，色彩绚丽，诗意盎然，极大地影响了欧洲

❻ 辉煌的总督府走廊

　　的绘画。总督府内有许多威尼斯画派的重要作品，威尼斯画派三杰提香、丁托列托和委罗
内塞的作品均在其中；门厅的顶棚壁画、会客厅的壁画和大使厅的装饰都是极尽豪华之能
事，但又充满了艺术气息。特别是大会议厅，丁托列托的《天堂》气势磅礴，画面中的
800多个人物浑然一体，展现了画家高超的艺术水平。大会议厅的建筑构造也特别值得
关注，号称当时全欧洲最大、能同时容纳2 000人的会议厅居然没有一根柱子支撑，实
在让人不得不佩服威尼斯建筑技艺的高妙。

　　当年的威尼斯，曾经掌握了全欧洲最强大的人力、物力和权势，总督府就是财富和
权势的最直接体现，是当时威尼斯政治、经济和文化的结合点。所以，不到总督府，怎能
算是了解了威尼斯呢？

　　温馨提示

❶ 开放时间为 4 月 1 日至 10 月 31 日周日至周四 8:30-21:00，11 月 1 日
至次年 3 月 31 日为 8:30-17:30，圣诞节和 1 月 1 日闭馆。

❷ 票价为 25 欧元，不同年龄段、学生、教师各有优惠，可参看官网。

071

都灵埃及博物馆

埃及古文物学诞生的地方

要了解埃及，未必一定要踏上埃及的国土，在意大利，同样有一个地方，可以与埃及法老近距离接触，可以靠近木乃伊，可以与斯芬克斯对话。

关键词：古埃及文明、雕塑作品

国别：意大利

位置：都灵市圣卡洛广场附近

官网：www.museoegizio.it

博物馆内陈列的展品

古埃及是人类四大文明发祥地之一，古埃及文化也是阿拉伯文化的源头之一，对世界文明发展贡献巨大。由研究古埃及文明的语言、文字、历史和文化艺术构成的古埃及学风靡全世界，对世人有巨大的吸引力。都灵埃及博物馆被公认是继大英博物馆和开罗埃及博物馆之后最好的古埃及艺术与文化和工艺品博物馆，是进入古埃及历史文化核心的一条通道。

都灵埃及博物馆是世界上最早成立的埃及博物馆，主题是"古埃及的艺术与文化"，馆内收藏的是意大利考古团队几百年来的挖掘成果。馆内共有3个展厅，展馆的一层主要是用来陈列高大的雕塑，如古埃及最著名的法老拉美西斯二世的塑像。二层展出的主要是代表古埃及文明的藏品，包括生活用品、劳作用品和文化用品及文献等。馆内还有一个完整重建的坟墓。

馆内的雕塑作品数量不少，从法老到王后，从神祇到斯芬克斯，拉美西斯二世、阿蒙霍特普一世、图坦卡蒙与阿蒙神的雕像等都是很著名的藏品。馆内收藏的纺织品、黄金饰品、陶制器皿、储藏箱、象形文字、壁画、木版画、石刻、家具、乐器、都灵草纸、小雕刻、木乃伊、棺材等涵盖了古埃及文化艺术生活生产的方方面面，是了解古埃

及文明的一个窗口。特别值得留心的是馆内的雕塑高大精美，气势逼人，让人惊讶于数千年前的艺术成就；馆内的档案资料很丰富，对渴望了解古埃及文明的游客是一处巨大的宝藏。馆内不仅有用人体制成的木乃伊，也有动物木乃伊。各种石刻和岩石壁画颜色鲜明，勾勒出古埃及人的日常生活；古埃及的衣物也都完好无损地展出，游客可以借此窥见古埃及高超的纺织工艺的水平。

古埃及文明神秘遥远，但越来越多的出土文物让世人一步一步靠近了古埃及。都灵埃及博物馆，也许可以作为慢慢揭开古埃及神秘面纱的开始。

温馨提示

❶ 开放时间为周一 9:00-14:00，周二至周日 9:00-18:30。

❷ 票价为 15 欧元，学生与老人有优惠。

072

圣天使堡

"光明之路的终点"

关键词：皇帝陵寝、监狱、游人如织

国别：意大利

位置：罗马市圣彼得广场附近

官网：www.castelsantangelo.com

恢宏大气的圣天使堡

　　在罗马的母亲河——台伯河河畔，古罗马地区的最西端，圣天使堡千年不倒。圣天使堡始建于135年，于139年竣工，是罗马皇帝、人称"勇帝"的哈德良的陵寝。哈德良身为罗马五贤帝之一，博学多才，相传圣天使堡就是他亲自设计并指挥建造的。圣天使堡起初是一个下四方上圆柱的巨大陵墓，近2 000年过去，陵寝几经摧毁又几经重建，台基已不再是四方形。陵寝建成后的近100年里，许多皇帝和皇室人员的遗体均安放在此。到了中世纪，陵寝的功能发生了变化，先是作为阻止西哥特人和东哥特人入侵的要塞，后来又作为秘密监狱，甚至作为教皇在乱世的避难所。陵寝初时并不叫圣天使堡，据说在6世纪末的时候，罗马遭遇黑死病的侵袭，教皇梦见手持宝剑的天使降临在城堡上。不久之后，可怕的黑死病流行期结束，于是教皇便在建筑上浇筑了一个巨大的青铜天使塑像，并将建筑改名为圣天使堡，通往圣天使堡的桥梁称"圣天使桥"。

　　今日的圣天使堡已然是游人如织的旅游胜地。参观圣天使堡，要通过桥梁，众多桥梁中最著名的莫过于圣天使桥。圣天使桥被称为罗马最美丽的桥梁，桥上从南到北共有10个天使像，天使动作不同，神采各异，生动精美，都是水准很高的艺术品。走过圣天使桥，来到圣天使堡脚下，再进入一条昏暗阴湿的隧道才能抵达天使庭院。天使庭院

里放置着原本安放在古堡高处的天使雕像。圣天使堡处处充满岁月的沧桑，但当年作为军事堡垒、兵营和监狱的痕迹还在，当年的绞刑架和刑具房也都还在，武器库里收藏了许多古代的盔甲和各种各样的兵器。圣天使堡还是个登高望远的好地方。站在城堡的最高处，可以望见悠悠流淌着的台伯河，望见五拱十天使的桥梁，望见雄伟的圣彼得大教堂，俯瞰罗马城区的车水马龙和梵蒂冈的全貌。如果是累了渴了，可以在城堡的观景长廊里休憩，可以留影，或者干脆什么也不干，将思维融进古堡的历史里，在时空隧道里来回穿梭。游客或者应该感到庆幸，毕竟，能穿越千年的漫漫烽烟来与世人相见的古建筑，已经为数不多了。

温馨提示

❶ 开放时间为周一至周三 9:00~19:30，周四至周日 9:00~24:00，1 月 1 日、5 月 1 日和 12 月 25 日闭馆。

❷ 票价为 15 欧元，18 岁以下欧盟公民、学生免票，每月的第一个周日免票。

073

乌菲齐美术馆

感受文艺复兴的气息

这是欧洲顶级的美术馆，藏品主要来自美第奇家族的私家收藏，其10万件馆藏，几乎涵盖了整个西方美术史。

关键词：乌菲齐宫、文艺复兴博物馆

国别：意大利

位置：佛罗伦萨市乌菲齐宫内

官网：www.uffizi.com

🔵 美术馆内的艺术展品

　　乌菲齐美术馆位于乌菲齐宫内，是世界著名的绘画艺术博物馆。"乌菲齐"在意大利语里是"办公厅"的意思。确实，乌菲齐宫原本是传奇家族——美第奇家族办公的地方，而美第奇家族则是佛罗伦萨13—17世纪在欧洲拥有强大势力的名门望族，是欧洲文艺复兴的重要推手。乌菲齐宫从1560年开始建造，到1581年才宣告竣工，今天所能见到的乌菲齐宫是一座两层楼高的灰色"U"形建筑，是文艺复兴时期艺术作品的宝库，人称"文艺复兴博物馆"。

　　乌菲齐美术馆现有46个展厅，展馆面积达1.3万平方米，收藏着10万件绘画、雕塑和陶瓷等艺术品。藏品大部分是13—18世纪意大利派、佛兰德斯派、德国及法国画派的绘画和雕刻，其中就有艺术大师达·芬奇、米开朗琪罗、拉斐尔、丁托列托、伦勃朗、鲁本斯、凡·戴克等人的作品。馆内展品按时代顺序和流派陈列，既可以看到意大利艺术发展的趋势，也可以概括地了解世界艺术，特别是绘画艺术的各种流派和发展状况。

　　馆藏绘画作品数不胜数，艺术流派众多，名家名作不胜枚举，但馆内珍藏中也有世人公认的"镇馆之宝"，如博尼塞纳于1288—1300年创作的大幅绘画《圣母子》、14世纪锡耶纳派马尔蒂尼的《圣告》、佛罗伦萨画派重要画家波提切利成熟期的巅峰之作《维纳

斯的诞生》和《春》、达·芬奇未完成的作品《三王朝拜》、拉斐尔的《金丝雀圣母》、米开朗琪罗的《圣家族》、威尼斯画派著名画家提香的《花神》等，都是艺术爱好者崇拜的传世佳作。

　　参观乌菲齐美术馆，馆内藏品固然是无价之宝，但乌菲齐宫本身也是一件文艺复兴时期杰出的建筑艺术品，切莫错失了欣赏的大好机会。

温馨提示

● 开放时间为周二至周日 8:15-18:50，周五延长至 20:45；3 月 31 日至 9 月
27 日周二延长至 22:00；每周一、1 月 1 日、5 月 1 日和圣诞节闭馆。
● 票价为 10 欧元，18 岁以下欧盟公民免费，每月第一个周日免费。

第八章

日本的珍贵记忆

小国的躯体里蕴藏着巨大的能量，东方国家的文化底蕴里渴望着西方文明的滋润，艺术和科学的相融让日本拥有了巨大的力量。在现代都市回望江户的繁华，日本的博物馆文化无愧于日本民族的追求。

074

东京国立博物馆

日本流行文化的灵感源头

东京国立博物馆收藏并陈列着日本及整个东亚地区的重要文化遗产，是了解日本历史和传统的好地方。

 关键词：日本历史发展史、
　　　　 国宝、珍贵文物

国别：日本

位置：东京都台东区上野公
　　　 园13-9

官网：www.tnm.jp

🔴 博物馆内丰富的展品

　　东京国立博物馆始建于明治5年（1872年），是日本历史最悠久的博物馆，其馆藏文物共有11.6万件，其中有国宝级文物88件，重要文物634件。

　　博物馆的展馆由6个部分构成，包括主馆、东洋馆、平成馆、表庆馆、法隆寺宝物馆和黑田纪念馆。主馆是一座日本民族式双层建筑，一楼主要按类别区分，如刀剑、陶瓷、雕刻等，国宝级文物或者重要文物有菩萨立像、太刀、色绘月梅图茶壶等。二楼陈列从绳文时代到江户时代的日本美术作品。按时代顺序陈列的展品，可以比较清晰地给游客呈现一条日本历史发展的简单脉络。在二楼陈列的10个常设展室中，有许多国宝级文物和重要文物展出，如一展室的兴福寺镇坛器物——瑞花双凤八花镜；二展室的松林图屏风；三展室的十六罗汉像、竹斋读书图等。重要文物有佐竹本三十六歌仙绘卷残简、直口水罐、夏秋草图屏风、葡萄图、白绫地秋草模样小袖、兔道朝暾图等，代表了日本历史上各个不同时期的美术水平，且都是日本历史文化发展史上具有代表性的杰作。

　　东洋馆展示的是中国、朝鲜半岛、东南亚、西域、印度、埃及等地的美术作品、工艺品及考古文物。最重要的展品是来自中国的珍贵文物，共有上万件，其中有陶瓷、甲骨文、

❺ 静谧而美丽的东京国立博物馆

玉器、字画等，时间跨度从原始社会到清代。珍贵的瓷有产自建阳水吉的古建盏等；旷世名画有宋代宫廷的绘画、佛画，明清的文人画和近代国画，极富特色。

平成馆是日本考古特展。表庆馆为纪念大正天皇成婚，于1909年建成开放，馆建是明治末期西洋风格的代表建筑。法隆寺宝物馆收藏着奈良法隆寺于明治十一年（1878年）捐献给皇室的约300件宝物。黑田纪念馆则是为纪念西洋画家黑田清辉而对其作品进行的展示。

了解一个国家的历史，从博物馆开始，哪怕是管中窥豹，亦未尝不可。

温馨提示

❶ 开放时间为 9:30-17:00，周一闭馆。

❷ 常设展票价为 620 日元，大学生 410 日元，高中生及以下、70 岁以上老人、残疾人凭有效证件免费，国际博物馆日（5 月 18 日）、敬老日（9 月的第三个周一）免费开放。

075

国立西洋美术馆

在东亚的西洋美术展

国立西洋美术馆是东京首个世界文化遗产，也是日本一处重要文化财产，是日本民族不可或缺的精神养分。

 关键词：西洋美术、雕塑、绘画　　**位置**：东京都台东区上野公园7-7
国别：日本　　　　　　　　　　　　**官网**：www.nmwa.go.jp

🔊 简单而不失大气的国立西洋美术馆

　　国立西洋美术馆始建于1959年，占地面积约1.7万平方米，位于东京最大的公园——上野公园内，是亚洲唯一以西洋美术的全景作为收藏中心的美术馆，馆藏水平居亚洲第一。美术馆现有馆藏约4 400件，包括西洋的雕塑、绘画、版画和素描，馆藏不乏艺术大师的作品。2016年7月，美术馆与全球其他17处勒·柯布西耶的建筑作品一起，成为最新的世界遗产，也是东京都内首个世界文化遗产。勒·柯布西耶是法国著名的建筑设计师，正是他设计了这座外形简约、色调淡冷的美术馆。

　　西洋美术馆有3层，主要展出雕塑和绘画作品。馆中艺术作品的来源主要有两个：一个是来自川崎重工的前身株式会社川崎造船场的第一任社长松方幸次郎的收藏；一个是日本后来购入的一些从文艺复兴时期到20世纪初的西洋美术作品。馆藏作品中比较著名的有不少，如法国著名雕塑大师罗丹的《思想者》。《思想者》体现了一种直面人类死亡与苦难，但充满了矛盾和痛苦的心智活动过程以及这种心智活动过程所能表现出来的理性、冷静和深刻，作品极富艺术感染力。其他大师级的作品如极大影响了欧洲绘画的巴洛克画派代表人物鲁本斯的《丰饶》，法国印象画派著名画家、雕刻家雷诺阿的《阿尔及利亚风格的巴黎舞女》以及以莫奈、高更为首的印象派画家的绘画作品。

　　杰出的美术作品不仅能让人穿越时空，得以窥见一两百年前的欧洲社会景象，更能通过独特的艺术魅力浸润需要美学滋养的人类灵魂。如果说当初西洋美术馆的建立是"被迫"的，那么日本政府恰恰"被迫"为日本社会做了一件功德无量的善事。

温馨提示

❶ 开放时间为9:30-17:30，周五9:30-20:00；周一、12月28日至次年1月1日闭馆。

❷ 票价为500日元，大学生250日元。18岁以下儿童和65岁以上老人免费。每月的第二和第四个周六、国际博物馆日（5月18日）、文化日（11月3日）入馆免费。

076

国立科学博物馆

日本最大的自然科学博物馆

如果说东京国立博物馆是了解日本历史文化的捷径，那么国立科学博物馆就是了解日本社会生产生活的一面镜子，二者互补般地勾勒出日本一个粗略的概貌。

关键词：民族文化特色、西洋风

国别：日本

位置：东京都台东区上野公园7-20

官网：www.kahaku.go.jp

博物馆古朴典雅的外观

　　位于上野公园的国立科学博物馆是一个综合性科技博物馆，前身是1871年建立的文部省博物馆。博物馆占地面积约7万平方米（含分馆），馆藏近8.9万件。

　　馆外有博物馆的标志性陈列，包括D51型蒸汽机车、白长须鲸模型、大型铸造地球仪等。D51型蒸汽机车是日本国有铁道（国铁）的前身铁道省所设计的煤水车式蒸汽机车。这款机车主要用于牵引载货车辆，在日本生产的蒸汽机车当中，以这款机车的数量最多，总生产量为1 115辆，是日本蒸汽机车的代名词。蒸汽机车之所以能作为博物馆的标志性陈列，主要是因为它标志着日本科技的起步和发展，是之后日本跻身大国行列的象征。

　　馆内藏品分两个展馆即日本馆和地球馆展出。作为一个在近代脱亚入欧、成功转型的国家，日本在保留本民族文化特色的同时也被浓浓的西洋风所包围，比如博物馆的建筑风格就是典型的西洋风格：彩色玻璃与复古吊灯、大理石台阶和展馆的圆顶设计。地球馆分为地球生命史、地球的变迁、生物的多样化、人类变迁、科学进步以及宇宙的法则等6个部分展出，馆内通过各种生物比如恐龙和大象的化石、地球生物的标本以及观

博物馆内的动物雕塑

看360度影像来呈现地球和地球上生命的发展历史。

日本馆的展出大体上可以分为两部分，一是日本的自然地理历史，包括日本列岛的形成、日本列岛的动植物等，大量的标本非常具有吸引力；二是展示日本近现代的经济和科技成果，如轻工业、重工业、能源、土木建筑、电子技术、地震测量、近现代的交通工具和航空航天等，非常具有民族的自信力。博物馆除了一般性的展出，还有许多可供互动的设置，比如游客可以动手做实验、触摸仪器等。

温馨提示

❶ 开放时间为 9:00-17:00，周五 9:00-20:00，周一、12 月 28 日至次年 1 月 1 日闭馆。

❷ 票价为 600 日元，高中生及以下免费。

077

江户东京博物馆

回望江户烟柳繁华处

没有走进一个国家的历史深处，不算是真正了解了这个国家和民族，日本的江户时代，可以说是了解日本的一个窗口。

关键词：平民文化、江户时代、船形屋顶

国别：日本

位置：东京都墨田区横纲1-4-1

官网：www.edo-tokyo-museum.or.jp

造型奇特的江户东京博物馆

　　江户时代是德川幕府统治日本的年代，时间从1603年德川幕府统治开始至1867年的大政奉还止，共历时264年，它是日本封建统治的最后一个时代。"江户"也是东京的旧称。德川幕府统治时期，江户城的经济和政治得到很大发展，在此基础上，以平民文化为象征的江户文化也发展到了全盛时期。可以说，江户时代是日本引以为傲的时代。江户东京博物馆主要就是为了保护已经面临消失的江户时代东京的历史遗产，并展示江户时代的东京历史文化。

　　博物馆在江户东京广场上，是一座外形奇特的建筑：4根支柱支撑着巨大的船形屋顶，并将博物馆分成了上下两部分。博物馆的上部是常设展馆、收藏馆和图书馆；下部是特别展厅、办公室和放映厅。游客进馆参观，先乘电梯直上6楼，然后一层层往下走，参观路线的设置非常科学且能节省时间。

　　馆内展览主要是通过实物或复制的模型去再现江户东京的都市历史文化及此地居民的生活形式。实物或复制模型数量不少，被分为5个部分来真实呈现江户时代的东京：江户城与町区划、町内生活、印刷出版与信息传播、江户的商业和与江户相连的村落与岛

博物馆内展示的人偶

屿。常设展厅的入口就是著名的日本桥，过桥后，就是宽永时代的町人住所、大名屋敷、幕府末期的江户城御殿的微缩复原模型，由此可以了解以江户城为中心的街区划分状况，正如一句话所说："日本桥上走一遭，时光倒流回江户。""町内生活"可以了解江户百姓的生活状况以及江户百姓的彼此关联状态；"江户的商业"和"与江户相连的村落和岛屿"展示了江户时代经济的发展程度和江户成为大型消费城市之后与周边村落和岛屿的关系。展出的实物或模型生动直观，给参观者以深刻的印象。在众多实物和模型中，除了日本桥，其他的比如书籍、精美的轿子、居酒屋、商店、民居、报社、妓院、剧院等，都是当年江户经济文化的具体展现。

今日的东京已然是国际化大都市，但东京的源头在江户，所以，读懂了江户，或许可以更好地了解国际大都会东京。

温馨提示

❶ 开放时间为 9:30-17:30（周六开放至 19:30），周一（逢节假日时顺延一天）、年末年初闭馆。

❷ 票价为 600 日元，大学生 480 日元，高中生和初中生（东京都外在校生）300 日元，65 岁以上老人 300 日元，中学生（东京都内在校生）、小学生及以下免费。

078

京都国立博物馆

国宝与千年古都共呼吸

京都国立博物馆于1969年被列为日本的国家重要文化遗产，担负起保护千年古老京都及分布在周围地区各类文物的重任。

关键词：宫廷建筑家、日本的国宝、引领潮流

国别：日本

位置：京都市东山区茶屋町527号

官网：www.kyohaku.go.jp

🔴 博物馆内廊

　　京都是日本著名的历史之城，具有浓郁的日本风情，是日本的文化中心，更是日本人心灵的故乡，人称"真正的日本"。作为日本平安时代的都城，京都文化兴盛，至今还拥有日本两成以上的国宝。早在19世纪中后期开始的明治初期，在大力推动西化和现代化的浪潮中，日本的传统文化遭到了严重破坏，为了保护文物免遭于难，当时的宫内省决定在京都设立博物馆，并于1897年建成开放，博物馆名为帝国京都博物馆。馆名几经变更，后于1952年定名为京都国立博物馆。

　　京都国立博物馆位于京都市东山区，占地面积约5.3万平方米，共有13处建筑。博物馆目前馆藏约有1.2万件，其中绘画作品约4 000件，书籍文献约2 300件，陶瓷器近1 500件，染织约1 400件，考古约1 200件，其他如雕刻、建筑、工艺美术品、漆器等共1 400多件。馆内展览场地由特别展示馆和平常展示馆组成。特别展示馆即博物馆老馆，由有"日本唯一的宫廷建筑家"之称的片山东熊设计，是一座融合了巴洛克风格与明治风格的红砖青铜屋顶的西式建筑。该建筑典雅大气、优雅华丽，本身也是一件重要的文物。平常展示馆即新馆，负责将馆藏文物分为考古、陶瓷、雕刻、绘画、字迹、染织、涂漆

工艺、金属工艺品等类别长期展出。

　　馆内有许多藏品值得细细欣赏，如具有日本特色的水墨画《天桥立图》，作者是曾被维也纳世界和平大会决定通过并公认为世界文化名人的雪舟等杨。《天桥立图》画面简练，表现手法扣人心弦，富有与禅宗相通的魅力，是日本的国宝之一。另外，日本的主要绘画形式——屏风画和隔扇画的大画面绘画，也以日本固有的绚丽夺目的装饰美而闻名于世，是日本传统文化的精髓，值得细细品味。

　　值得一提的是，京都国立博物馆不仅藏品迷人，展示方式也很特别，例如早在1992年博物馆就采用了高清晰度电视来介绍、解说本馆的收藏品，使更多的人观赏到很少展出的艺术作品。此外，定期举办的美术讲座、精心制作的解说片也拉近了人与艺术的距离。在这一点上，京都国立博物馆无疑是引领潮流的。

温馨提示

❶ 一般展览的开放时间为周二至周四、周日 9:30-17:00，周五、周六 9:30-20:00；特别展览为周二至周四、周六、周日 9:30-18:00，周五 9:30-20:00；周一闭馆。

❷ 票价为 520 日元，大学生 260 日元，高中生及以下、70 岁以上的老人免费。

079

玩偶之家博物馆

应有尽有的玩偶

关键词：手工艺品、人偶文化、精美

国别：日本

位置：横滨市中华街和山下公园之间

官网：无

日本人偶藏品

玩偶之家博物馆是日本八大著名博物馆之一，位于横滨中华街和山下公园之间，1979年开馆。馆内收藏了130多个国家的上万个玩偶。

　　人偶是日本独特的传统手工艺品，大约起源于日本的江户时代，最早是作为孩子的玩具出现的。经过数百年的发展变化，人偶以其精巧的造型、华丽的服装和多样的发饰赢得人们的赞赏，成为日本人喜爱的一种室内装饰品。在日本，人偶不仅仅是一种玩具和室内装饰品，更是日本传统文化的一个表现形式：在日本的女儿节，摆放人偶是节日的最重要特征。所以，横滨玩偶之家博物馆（玩偶在日本亦称"人形"，故"玩偶之家"亦称"人形之家"）的存在有着深刻的文化背景。

　　横滨玩偶之家博物馆创建于1979年，是专门收藏玩偶的博物馆，馆藏上万个玩偶，分别来自英国、法国、意大利、中国、印度、美国、加拿大、新西兰、巴西、南非、澳大利亚、德国等130多个国家，其中日本本国制造的人偶是本馆收藏的重点。博物馆分3层、5个主题展览区展出不同风格不同国家或地区的人偶，从精致洋气的洋娃娃到身着民族传统服饰的东方娃娃，从日本古典和服玩偶到乡土玩偶，应有尽有，或精美，或粗糙，或诗意，或写实，或色泽艳丽，或朴实无华，各具特色，尽显民族风采。

　　在众多玩偶中，有着数百年历史的日本人偶最惹人注目：端庄优雅的艺伎人偶华美

精致，颇具艺术价值；胖乎乎的市松人偶憨态可掬；矜持娇艳的新娘人偶绚丽多彩；朴素的乡土人偶十分接地气……各种人偶各具美感，各具特色。游客可以在较短的时间内了解日本的人偶文化以及与人偶文化相关的女儿节甚至是男孩节。馆内除了人偶展示还有人偶剧场，"红靴子"人偶剧场可以为游客上演惟妙惟肖的人偶剧。有趣的是，在玩偶之家里，来自中国《三国演义》里的人物刘备、关羽和张飞也被制作成人偶展出，且名气还不小。当然，受欢迎的日本动漫人物在玩偶之家里也是游览者关注的焦点，如皮卡丘、蜡笔小新、哆啦A梦、樱桃小丸子等。

玩偶之家还出售各种各样的玩偶，虽然价格不菲，但其精美程度让人很难拒绝。

温馨提示

❶ 开放时间为周二至周日 9:30-17:00，周一闭馆。

❷ 付费参观。

080

箱根雕刻之森美术馆

自然与艺术的和谐共处

被群山环抱的美术馆美丽宁静，富有创意的雕塑作品散落在户外，让人沉迷。

关键词：现代化色彩、露天雕塑、名家巨匠

国别：日本

位置：神奈川县足柄下郡箱根町

官网：www.hakone-oam.or.jp

🔴 箱根雕刻之森美术馆

箱根雕刻之森美术馆是一座将自然和艺术融为一体的美术馆，是深受现代主义美术爱好者欢迎的美术馆。浓重的现代化色彩是它的最主要特征，包括馆内的绘画作品、馆外的露天雕塑以及博物馆的建筑和馆内的陈设。

美术馆创建于1969年，占地面积约7万平方米，是由日本富士财团赞助成立的。美术馆分为自然开放式和室内展览两大部分：室内展览的有瓷器、玻璃艺术品、金像、绘画和摄影作品等，其中尤以绘画作品和摄影作品居多，特别是油画、素描、版画等，引人注目。馆内最具吸引力的是1984年开设的毕加索展馆，作为20世纪现代艺术的主要代表人物之一，毕加索对现代艺术爱好者的号召力显而易见。

馆外数万平方米的绿地陈列着许多名家巨匠的作品，19世纪和20世纪初最伟大的现实主义雕塑艺术家罗丹，世界近代雕刻三大支柱之一的法国现实主义雕刻艺术家布德尔，瑞士画家及雕塑家阿尔伯托·贾科梅蒂，以大型铸铜雕塑和大理石雕塑而闻名的亨利·摩尔，近代雕塑家佐藤忠良，当代中国台湾知名雕塑家杨英风以及其弟子朱铭等名家的作品均有在馆中展出。在众多雕塑作品中，永久性落户美术馆的作品就有120件。

● 博物馆造型极富艺术气息

展出的艺术品从色彩、形状到姿势，均与自然相融，浑然一体。各种各样的雕刻作品或仰望天空，或俯卧草地，或神情惊诧，或缺了某一部位，造型大胆，给人以极大的想象空间。

在青山绿水中观赏美术作品，视野辽阔，空气清新，不能不说这确实是创新之举。更有意思的是，美术馆还有另一个人性化的设计：如果累了，可以泡一个免费的温泉浴。试想，这样一种名家名作、青山秀水和温泉浴组合而成的文化之旅，是不是很值得期待？

温馨提示

❶ 开放时间为 9:00-17:00。
❷ 票价为 1 600 日元，大学生和高中生 1 200 日元，初中生和小学生 800 日元。

081

三鹰之森吉卜力美术馆

动漫大国的"天空之城"

宫崎骏是日本动画界的泰山北斗，他的动画作品是能够和迪士尼、梦工厂共分天下的一支重要的东方力量，三鹰之森吉卜力美术馆就是这股东方力量的汇聚地。

⑥ 美术馆外景

关键词：宫崎骏、动画王国、童心

国别：日本

位置：东京都三鹰市下连雀 1-1-83

官网：www.ghibli-museum.jp

　　宫崎骏是日本动画界的传奇和精神支柱，他的动画作品在全球影响广泛。早在1922年，法国影评家埃利·福尔满含感情地预言："终有一天动画片会具有纵深感，造型高超，色彩有层次……会有德拉克洛瓦的心灵、鲁本斯的魅力、戈雅的激情、米开朗琪罗的活力。一种视觉交响乐，较之最伟大的音乐家创作的有声交响乐更为令人激动。"数十年后，世界动画界最接近埃利·福尔梦想的，宫崎骏是第一个。作为日本动画界的灵魂人物，宫崎骏将他的全部魅力、激情和活力打包塞进了他亲手打造的动画王国——吉卜力美术馆里，给动画迷展现了他的全部梦想世界。

　　吉卜力美术馆是宫崎骏在其工作室的基础上亲自设计的三层美术馆，占地面积约4 000平方米，投资50亿日元，于2001年10月开馆。美术馆的一层主要展示动画原理和运用动画原理打造的宫崎骏动画场景，二层展出宫崎骏动画创作的手稿和过程，三层是纪念品商店。参观过程中还可以免费观看一场时长15分钟的动画片。如果是宫崎骏的动画迷，一定会将参观美术馆当作一种莫大的幸福，因为这里可以找到宫崎骏的几乎全部的动画作品；可以近距离瞻仰宫崎骏的创作草图、手工绘本；小朋友可以钻进三楼的

● 美术馆造型颇具童话气息

"猫巴士"里去玩；纪念品商店有许许多多与吉卜力相关的纪念品，梦幻且美丽。博物馆的外部还有许多宫崎骏动画的场景，如《天空之城》的机器人哨兵、《魔女宅急便》中的黑猫似是蹲在水龙头上……熟悉而又有趣的画面充满了惊喜。

美术馆的外形设计也充满了动画的元素，藏在绿色森林里的童话小屋充满了梦幻，纯真率直。熟悉的动画作品、好玩的动画王国，怕是动画迷们难以拒绝的吧！其实，只要还保留着一点点童心和梦想，恐怕都难以拒绝这样一个童心荡漾的世界。

温馨提示

❶ 开放时间为周一、周三至周日 10:00-18:00，周二闭馆。

❷ 票价为成人、大学生 1 000 日元，中学生 700 日元，小学生 400 日元，4 岁以上儿童 100 日元，4 岁以下免费。门票采取完全预约制，现场不售票。

082

国立民族学博物馆

异域文化的魅力

在大阪「遨游世界」，在民族文化的窗口深入探索各民族文化的精髓。

关键词：引以为傲、国内唯一、民族特色　　**位置**：大阪府吹田市万国博览会纪念公园内

国别：日本　　**官网**：www.minpaku.ac.jp

国立民族学博物馆位于大阪近郊万国博览会纪念公园内，创建于1974年，于1977年对外开放。博物馆占地面积约4万平方米，建筑面积约1万平方米，展览面积近6 000平方米，收藏有世界各地区、各民族的文物、标本等共11万件，其中展出的约有7 000件。藏品涉及的门类极广，有民族历史、语言文字、宗教、工艺、食物、器具、住所、家庭结构等实物资料，还有各种手抄资料、照片、胶卷、档案、磁带和唱片等音像文字资料，涵盖了世界各民族的生产、生活、文化等各个不同领域。这是一座日本引以为傲的博物馆，是日本国内唯一一家民族学研究机构，是日本人了解世界的窗口。

博物馆共设9个展室，包括大洋洲、美洲、欧洲、非洲、西亚、东南亚、中北东亚7个展室和专门陈列"音乐"和"语言文字"的两个展室，主要展览路线长约1 500米。沿着博物馆设计的参观路线，只要环博物馆一圈，从大洋洲起最后回到日本，就算是"环游世界"了。博物馆内的展品充满了民族风情且富有时代特色，有的是原始社会时期渔猎的工具复制品，如鱼钩、木帆船、弓箭和盾牌；有的是富有民族特色的工艺品；有的是能代表民族和区域特色的生产劳动工具和设备，如法国最早酿酒使用的设备；有的是经济活动中产生的具有代表性或者是象征性的货币；有的是各民族遗留的日常生活用品；有的是各民族的传统服饰；有的则是各民族各地区的祭祀用品，如面具、神龛、神像等。在专题陈列音乐展室，来自世界各地的民族乐器汇成世界民族音乐的"大合唱"，向世人展示了人类发展过程中各民族的精神力量和与各地域文化紧密结合的审美情趣。在语言文字展室，从楔形文字到象形文字，从古老的文字到现代文字，世界各民族各地区究竟有多少种文字，文字和文字之间究竟存在怎样的联系，这些有趣的问题和疑惑或许可以在这里得到满意的答案。至于语言就更有趣了，世界各大洲、各民族的语言体系可谓大相径庭，如果对某种语言感兴趣，可以按动博物馆内设置的按钮，想听哪一种语言都不成问题。

    博物馆是什么？博物馆就是一个给人们提供学习、教育和娱乐的机构。日本国立民族学博物馆，就承担起了博物馆对人们应该担负的"责任和使命"，尤其在学习和教育方面。

温馨提示

❶ 开放时间为 10:00-17:00，每周三（若遇到节假日，顺延一天）、12月28日至次年1月4日闭馆。

❷ 票价为 420 日元，大学生和高中生 250 日元，初中生和小学生 110 日元。

西阵织和服会馆

体验和服的曼妙

西阵织是日本国宝级的传统工艺品，西阵织和服是日本文化代表，更是日本的国粹。

关键词：日本和服、文化名片、服饰文化民族工艺

国别：日本

位置：京都市上京区堀川通今出川南入竖门前町414

官网：www.nishijin.or.jp

🔴 做工精美的日本西阵织邮票

西阵织是产自京都西阵地区、专门用于制作日本和服的织锦面料，是驰名世界的日本代表性工艺品，是华贵典雅的代名词。和服是日本民族的传统服装，是日本用于向世界推广的文化资产。西阵织和服会馆就是日本纺织行业设立的介绍西阵织历史、展示手工艺人手织机表演、推广西阵织和服文化和销售西阵织工艺品的场所。

日本有一句流传很广的俗语："吃倒在大阪，穿倒在京都。"从15世纪开始就聚集了许多优秀织工的西阵地区就是"穿倒在京都"的实力保证。西阵织原本是为日本王公贵族和富商巨贾提供制作和服原料的，但随着日本社会经济和文化的发展，西阵织逐渐走进了寻常人家。西阵织也成了见证日本软实力的一张文化名片，走向了世界。

京都西阵织和服会馆分两层，一层是展示日本和服的秀场，是介绍和服文化的场地；另一层是商店，销售西阵织的各种制品。参观会馆，可以通过陈列的史料和丝织表演等方式了解西阵织的历史和文化内涵；通过观看和服秀了解日本和服的典雅美丽，欣赏被和服包裹着的日本女性的含蓄和温柔；可以懂得如何区分身着和服的日本女性的婚姻状况：未婚女性的和服袖子长，背后结着蝴蝶结，已婚女性的和服袖子短，背后平整；还能懂得不同年龄段的日本女性和服穿着的区别：年轻女性的和服色彩鲜艳明媚，年长女性的和服颜色素雅。游客甚至还可以租借一套具有古典美的和服，像一个传统的

❻ 会馆内展出的各式和服

日本女性一样逛街，更深入地体验日本的服饰文化；如果确实对西阵织产生了浓厚的兴趣，当然也可以动手体验西阵织的制造。或者，在会馆的二层购买精美的织品，如领带、披肩、皮包等，将一股浓浓的日本风带回家。

　　实质上，西阵织和服会馆就是一个融合和服及日本传统工艺欣赏和购物于一体的休憩场所，也是一个文化与商业结合得恰到好处的旅游景点。

温馨提示

❶ 开放时间为 9:00-17:00，和服试穿时间为 9:00-15:00。和服秀场上午 3 场，分别为 10:00、10:50 和 11:45；下午 4 场，分别为 13:15、14:15、15:15 和 16:00。

❷ 免费参观。

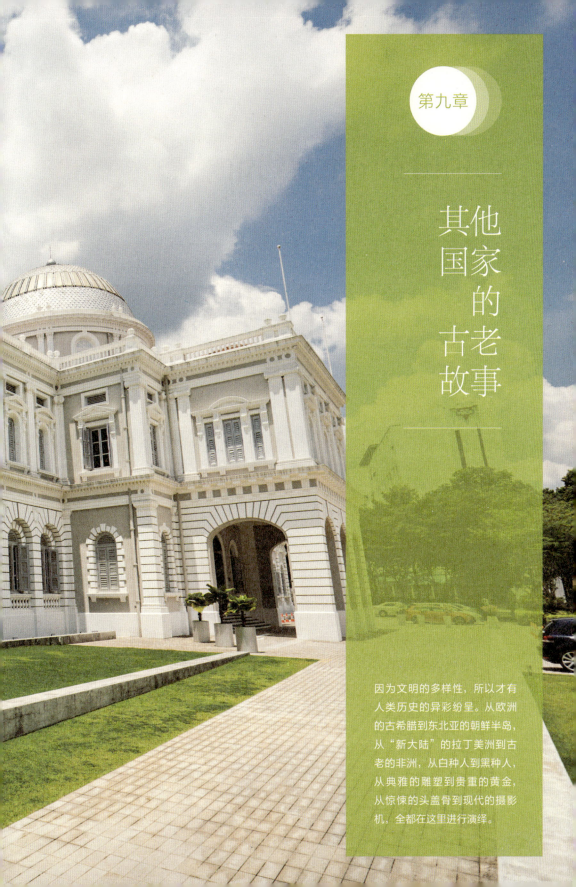

第九章

其他国家的古老故事

因为文明的多样性，所以才有
人类历史的异彩纷呈。从欧洲
的古希腊到东北亚的朝鲜半岛，
从"新大陆"的拉丁美洲到古
老的非洲，从白种人到黑种人，
从典雅的雕塑到贵重的黄金，
从惊悚的头盖骨到现代的摄影
机，全都在这里进行演绎。

084

韩国国立中央博物馆

静穆迷人的韩国文化

这是韩国文化的殿堂，是彰显韩国文化自信和文化自尊的文化机构，也是韩国首尔之行的必游之地。

关键词：韩国的历史、国宝级的文物、宗教文化

国别：韩国

位置：首尔特别市龙山区西冰库路137

官网：www.museum.go.kr

🔆 博物馆内展出的雕塑

　　韩国国立中央博物馆是文化艺术类的博物馆，创建于1945年10月，至今已有70多年的历史。博物馆的馆址几经变动，曾先后位于朝鲜总督府旧址、德寿宫、景福宫和中央厅旧址，2005年新馆建成，博物馆从此在龙山区安家落户。

　　博物馆新馆占地面积约31万平方米，建筑面积约13万平方米，馆内共分3层陈列藏品。一层是考古馆、历史馆；二层是美术馆、捐赠馆；三层是美术馆、亚洲馆和雕塑工艺馆。馆内藏品约有22万件，涵盖艺术、历史和考古等领域。博物馆的主体展出是韩国的历史文化，分史前、古代、中世和近世等数个不同时期并按不同的时代特色和主题展出，有史前的手工艺制品、高句丽和百济王朝的遗物、伽耶王朝的遗物、高丽王朝和朝鲜时代的手工艺品等。陶瓷、佛像、雕刻、金器、绘画等，脉络鲜明地揭示了韩国社会和文化的起源及发展。在众多展品中，尤其引人注目的是在博物馆一层重点展出的敬天寺十层石塔，该塔由大理石建造而成，建造时间是1348年，是韩国国宝之一。月光寺圆朗禅师大宝禅光塔碑也在一层展出，同样是韩国国宝级的文物，塔碑的雕刻工艺精湛，

🔴 韩国国立中央博物馆简洁现代的建筑

　　拥有巨大的历史文化价值。半跏思惟像曾广泛流行于朝鲜半岛，博物馆内有两尊，恰是研究朝鲜半岛宗教文化的珍贵文物。馆内其他珍贵藏品如青瓷石榴形注子、青瓷飞龙形注子等也都是国宝级的文物。

　　博物馆内的亚洲馆还收藏有中国、蒙古国等朝鲜半岛周边国家的文物，展示的是亚洲文化的共性和特性，是了解亚洲不同地区不同民族文化的一个重要窗口。

温馨提示

❶ 开放时间为周一、周二、周四、周五 10:00-18:00；周三、周六 10:00-21:00；周日和节假日 10:00-19:00。1 月 1 日、春节、中秋节、国立博物馆指定日闭馆。

❷ 除收费进行的特别企划展，常设展览馆、儿童博物馆、一部分企划展等免费入场。

085

新加坡国家博物馆

历史肌体上的年轻和创新

新加坡是一个年轻国度，它深深扎根在多元文化的基础上，用历史具体的生活元素呈现一个国家的前世今生。

 关键词：传统美食、潮流时尚、摄影技术、电影戏剧

国别：新加坡

位置：新加坡城市中心史丹福路93号

官网：www.nationalmuseum.sg

🔴 博物馆内珍藏的艺术品

新加坡国家博物馆创建于1887年，至今已有130多年的历史，是新加坡面积最大、最古老的博物馆。博物馆的理念是面向大众，用丰富多彩的先进手段讲述新加坡的历史和社会文化生活，诠释传统博物馆的崭新内涵。

新加坡国家博物馆是具有浓厚新古典主义风格的经典建筑，有新旧两栋建筑。旧楼是当年新加坡作为英国殖民地时遗留的，历史悠久，也算得上是新加坡这个年轻国家的"古老文物"了。新楼高大典雅，圆形穹顶彩玻绚烂多彩。馆内设三大展厅：新加坡历史馆、新加坡文化生活馆和临时展厅，共藏有新加坡国宝级文物11件。

新加坡文化生活馆分成4个主题：传统美食、潮流时尚、摄影技术和电影戏剧。在传统美食展室，可以见到新加坡当年流动小摊的谋生工具、新加坡最早的刨冰机、新加坡上百种的热带香料，炮制新加坡传统美食的各式工具包括非常具有中国潮汕地域特色的各种木制模具，不同时期不同款式的咖啡杯……多元化的饮食传统恰是诠释新加坡多元文化的一个注解。

在潮流时尚展室，陈列有花洋裙、各种美发工具、香水、婚纱、缝纫机、各种布

料、吹风机、梳妆盒、镜子等，游客可以从中窥见新加坡追赶西方潮流时尚的一点一滴，其中女性对美的追求、社会整体流行元素和不同历史时期的不同审美情趣共同构成新加坡近现代社会生活的流行概貌。

电影戏剧是新加坡人精神生活的有机组成部分。各种富有时代感的电影海报、不同历史时期的电影放映机、各种不同电影院的门票、电影宣传品和各种黑胶唱片，描绘出新加坡电影世界的斑斓色彩。游客若是逛累了，还可以在电影放映厅里看电影、听音乐。新加坡的戏剧发展深受中国文化的影响，从富有中国地域色彩的戏剧行头包括凤冠霞帔、其他各式戏服和头饰到戏剧在新加坡的发展，都可以看到中国文化对新加坡文化生活的影响。

在摄影技术展室，照片墙上满是不同历史时期的照片，这些照片不仅仅是新加坡摄影技术的发展变化史，更是一部新加坡社会生活的变迁史。至于各种不同时期不同功能的摄影机，则是新加坡科技发展的具体呈现，是新加坡发展日新月异的真实见证。

历史馆通过口述历史、照片、文物、老电影播放等先进和多元的展览方式，向游客介绍新加坡的历史。

温馨提示

❶ 开放时间为 10:00-19:00，18:30 停止入馆。
❷ 票价为 15 新元，学生、60 岁以上老人、残疾人 10 新元。

印度国家博物馆

古印度的浮光掠影

古印度人创造了辉煌灿烂的古印度文明，给今天的印度留下了丰富多样的文化遗产和旅游资源，例如古印度珍稀文物栖身的印度国家博物馆。

关键词：历史文物、古印度的文化、敦煌壁画

位置：新德里国王大道

官网：www.nationalmuseumindia.gov.in

国别：印度

🔵 印度国家博物馆外古老的火车头

　　印度国家博物馆位于印度首都新德里，创建于1949年，是在印度独立后第一任总理尼赫鲁的倡议下建立的。博物馆是一座白色廊柱的3层建筑物，是印度境内最大、文物收藏最丰富的博物馆，拥有将近20万件印度及外国的艺术品，如印度古代、中世纪和近现代历史文物就包括雕刻、绘画、金属器具（包括铜器、银器和金器）、陶器、武器、乐器、民族服饰、各种纺织品和神像、佛像等，涵盖了印度5 000年的文化遗产。

　　馆内收藏分17个部门，有印度河流域文明、考古部门、佛教艺术品和印度毫画等，分3层展出。史前文明展以陶偶、陶罐和石制、青铜制工具为代表；其他历史时期主要通

🔴 印度国家博物馆是印度最大、藏品最丰富的博物馆

过展示代表不同宗教和讲述不同宗教故事的大小石雕和铜雕等来揭秘古印度的文明。博物馆的2层和3层，展示的是印度古代著名的细密画、古代各民族和宗教服装服饰、古代生活用品、古代民族乐器等。

在所有馆藏中，最为珍贵的藏品有镶嵌52枚象牙的银屏、象牙轿、奥朗则布国王手谕、印度圣典的波斯文译本、耆那教和印度教圣典、泰米尔纳德邦玛哈巴里普拉姆庙中的石雕等。其中，最珍贵的要数佛陀肩胛骨舍利，肩胛骨舍利来自在迦毗罗卫国旧王宫遗址发掘出来的佛陀舍利塔，塔中佛陀舍利早被阿育王取出并供奉在印度各个圣地，只留下佛陀的肩胛骨舍利留在原址。30多年前，肩胛骨舍利由印度考古学家挖掘出来，随后供奉在国家博物馆中。博物馆除了展出本国藏品外，也有来自中国的200多幅敦煌壁画原作，但对公众展出的数量不多，仅20幅左右。这些中国国宝是英国人马尔·奥里·斯坦于1900—1916年从中国敦煌盗窃并偷运到印度的。

虽然印度国家博物馆跟世界一流博物馆比起来相对逊色，管理和陈设也比较落后，但作为一座能帮助游客深度了解世界文明古国的博物馆，它的存在价值不言而喻，也是一座行走南亚次大陆时不能错过的文化宝库。

温馨提示

❶ 开放时间为 10:00-17:00，周一和法定节假日闭馆。

❷ 外国游客参观票价为 650 卢比（包含导览费用）。

087

墨西哥国立人类学博物馆

印第安文明的辉煌

墨西哥是美洲大陆印第安人古老文明中心之一。闻名于世的玛雅文化、托尔特克文化和阿兹特克文化均是由墨西哥古印第安人创造的。

关键词：印第安人文明、玛雅文明、阿兹特克文明

国别：墨西哥

位置：墨西哥城查普尔特佩克公园内

官网：www.mna.inah.gob.mx

博物馆内展示的动物壁画

　　墨西哥国立人类学博物馆是有关人类学的专门性的博物馆，馆内收藏和展出的主要是印第安人文明遗存。博物馆的建立始于"太阳历石"的发现与保存。"太阳历石"是阿兹特克文化的象征。1520年西班牙人在蹂躏阿兹特克人首都时，将太阳历石埋在了地下，直到1790年，太阳历石又被发现，人们把它从地下挖掘出来，当作珍贵的历史文化遗产加以保护和研究，墨西哥博物馆的活动由此展开。19世纪中后期，在法国拿破仑三世的援助下，统治墨西哥的马克西米里安·约瑟夫皇帝指定隔摩涅达大道上与今日墨西哥首都的国家宫殿北侧相对的建筑物为国立博物馆。"二战"以后，随着藏品的不断丰富，原有的旧馆已经不能满足储存藏品的需要，于是在罗培斯·马特奥斯任墨西哥总统时，设计建造了新的人类学博物馆，并于1964年9月落成开放。

　　博物馆占地面积为12.5万平方米，其中建筑面积为4.4万平方米，建筑共分两层，一层集中展出考古出土的2.7多万件文物，二层则为基本与一层对应的人种学展览。一层共有12个展厅，主要展示西班牙统治墨西哥前的墨西哥文明，印第安文明的大量珍品在展厅中展出，包括反映墨西哥数千年前生产生活状态和宗教信仰的村落模型、陶罐、陶俑及以碑石

⬤ 墨西哥国立人类学博物馆建筑外观

为主的文化艺术品；反映2 300~3 200年前奥尔美加文化的象征作品——巨石头像；反映2 000年前墨西哥城北50千米的德奥蒂化坎市遗址的模型，其中太阳金字塔、月亮金字塔、水神殿以及其他宗教建筑是模型中最重要的看点；还有反映玛雅文化的石碑、石雕、石像、壁画、陶俑、陶器以及按照实体大小复原的宽4米、长9米、高7米的帕兰凯王墓及其精美的墓盖浮雕、翡翠面具、豪华的饰物等。一层有两个展厅，即玛雅文化馆和阿兹特克文化馆，这两个馆是不容错过的，因为它们是墨西哥文明的代表。24千克重的太阳历石是阿兹特克文化辉煌的象征；彩绘人像锅、彩绘陶锅、美洲虎翁、玉米神像香炉、笑面人像、人面纹香炉、雨神像瓮等大量藏品，无一不是玛雅文明遗留下来的珍品。二层的展出与一层展出的内容相对应，主要是通过服饰、乐器、武器、宗教器皿和生活用具等多种文物来详细阐述墨西哥各民族的文化、艺术、宗教和生活方式等。

作为拉丁美洲最大的印第安文明展馆，墨西哥国立人类学博物馆以它独特的魅力在世界人民面前展示了拉丁美洲人民辉煌的历史，玛雅文明、阿兹特克文明是人类发展史上辉煌灿烂的一笔，是拉丁美洲文明的源头和曙光，永远值得人们铭记。

温馨提示

❶ 开放时间为周二至周日 9:00-19:00，周一闭馆。
❷ 票价为 75 比索。

第九章　其他国家的古老故事

哥伦比亚黄金博物馆

黄金印加帝国的神秘

印加人是古代印第安人的一支，他们从很早的时候就开始开采黄金，并积累了大量的黄金财富，所以印加帝国素有「黄金国」之称。哥伦比亚的首都波哥大就处在「黄金国」的故地上。

关键词：印加帝国、黄金制品、碰撞

国别：哥伦比亚共和国

位置：波哥大市圣坦德尔公园内

官网：www.banrepcultural.org

🔆 博物馆内的黄金藏品

　　哥伦比亚在历史上曾属于印加人建立的国家，也就是12—15世纪期间的"印加帝国"。印加帝国盛产黄金，不仅数量庞大，而且制作工艺非常精湛，因此印加文明被笼上了一层金色的光环。大航海时代开始后，西欧人特别是西班牙人侵入印加帝国，并对当地人进行了疯狂的掠夺。后来印加帝国灭亡，部分黄金制品也随之消失无踪。南美洲各国独立后，金器重见天日，为了保护免遭劫难的珍贵文物，哥伦比亚政府于1939年决定建立黄金博物馆，来保管印加文化的印记。

　　黄金博物馆位于波哥大圣坦德尔公园内，归哥伦比亚国家银行负责管理。博物馆刚开始仅有14件展品，后来馆藏越来越多，直到现在已有藏品约5万件，大部分是公元前20世纪至16世纪印第安人制造的黄金制品。博物馆馆藏分3类进行展出：一是反映宗教仪式的善男信女塑像和祭天器皿，善男信女姿势各异，祭天的器皿则刻着鹿、鹰和蟾蜍等图案；二是印加人的装饰品，有耳环、鼻环、项链、别针、手镯、脚镯等；三是日用品，如金巴亚人之盆、铁拉登特罗人脸谱、金巴亚人猿像、穆依斯卡人小船等，这些日用品多用金箔、金丝制作，价值连城。博物馆的顶层是黄金制品的陈列大厅——黄金大厅，

🔴 黄金博物馆内展示的前西班牙裔文化雕塑

厅里陈列着数以百计的黄金制品，其闪烁的金光与灯光交相辉映，让人恍如走进了梦幻中的黄金世界。这里是博物馆最吸引人的地方，但黄金大厅守卫森严，游览者不能一拥而入，必须分批进入，且每批人数不得超过20人。博物馆的镇馆之宝是黄金船，黄金船的制作精美无比。关于黄金船，有一个故事让人唏嘘不已：传说这里的原住民酋长曾经全身涂满金粉，带着无数黄金制品和族人乘坐黄金船到圣湖"瓜达维达湖"祭拜神灵，祭礼完毕后，族人纷纷将带来的贵重物品包括黄金制品、宝石翡翠等投入了圣湖。圣湖的传说刺激了侵略者的贪婪和残暴，结果给这里的原住民带来了灭顶之灾，黄金制品也被洗劫一空。

通过参观黄金博物馆，不仅可以了解印第安人的历史、知道印第安人淘金和炼金的技术，更能见识到已经灭亡的"黄金国"曾经拥有的财富和悲惨遭遇。这不禁让人感慨，人类文明的多样性固然免不了要相互碰撞，但在相遇和碰撞中以毁灭一方文明为代价，就不能不说是人类的悲哀了。

温馨提示

❶ 开放时间为周二至周六 9:00-18:00，周日为 10:00-16:00，周一闭馆。

❷ 票价为 4000 比索。

第九章 其他国家的古老故事

089

南非先民纪念馆

纪念白人的南非冒险史

关键词：南非、白人、血河之战

国别：南非共和国

位置：比勒陀利亚市南部入口处

官网：www.voortrekkermon.
org.za

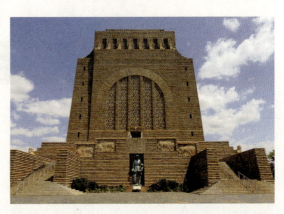

🔴 南非先民纪念馆古堡般的建筑

　　欧洲人从古希腊开始就有对外扩张和移民的"癖好"，他们的足迹遍及美洲、亚洲和非洲的土地。南非先民纪念馆就是为了纪念当年欧洲白人深入南部非洲的"先驱者"，纪念发生在19世纪60年代南非大地上的"血河之战"而建立的。"血河之战"指的是南非的原住民祖鲁人为捍卫家园与入侵南非的欧洲白人之间展开的一场大战。大战最后以欧洲白人的胜利而告终，从此欧洲白人在南非大地上站稳了脚跟，把南非大地变成了殖民地。

　　先民纪念馆位于南非行政首都比勒陀利亚城市的一个自然保护区内，是一座呈四方形、高度达40米的宏伟建筑。纪念馆的正面是一尊青铜塑像《母与子》，塑造的是一位母亲保护着两个孩子的形象。纪念馆的外墙由64块花岗岩环绕而成，每一块花岗岩上都雕刻着四轮马车。马车每辆高2.7米，象征性地保护着纪念馆免受攻击，这是当年欧洲白人入侵的场景。纪念馆内部的一楼英雄大厅内有一根92米长的意大利大理石中楣（世界之最），上面雕刻有描述当年白人大迁徙场景的浅浮雕。英雄大厅内还有近30块浮雕，记录了"血河之战"的全过程，浮雕具有很强的故事性和艺术性，是纪念馆建筑不可分

割的一部分。此外，地下室里的展览厅和世界著名的纪念塔礼堂也是先民纪念馆的重要组成部分，特别值得关注的是纪念塔，它是纪念馆的焦点。在纪念塔的中部有一个象征性的墓穴，每年的12月16日（"血河之战"的日子）正午12点的时候，阳光会透过纪念馆的穹顶照射在墓穴上。

作为一座纪念当年欧洲白人殖民南非历史的机构，在南非的民族冲突中，先民纪念馆曾经面临着被拆除的危险，伟大的曼德拉选择了留下纪念馆，这一不平凡的举措让南非黑人和白人从此走上了民族和解之路，为南非的发展拓宽了道路。

先民纪念馆曾经被评为非洲最好的博物馆，是南非最受欢迎的景点，且安全系数相对较高，馆内也有中文解说。纪念馆坐落在自然保护区内，游客从纪念馆出来，还可以在自然保护区内与各种野生动物近距离接触，这显然是一处将人文历史和自然风光结合得恰到好处的旅游景点。

温馨提示

❶ 票价为 40 南非兰特。
❷ 近距离参观自然保护区内的野生动物时须注意安全。
❸ 馆内可扫描二维码观看纪念馆的中文介绍。

090

埃及博物馆

埃及人民智慧的结晶

这是一座储藏埃及几千年悠久历史的文物宝库，是法老时代的埃及人民智慧的结晶。

关键词：文物、图坦卡蒙金馆、木乃伊

国别：埃及

位置：开罗市中心解放广场附近

官网：www.sca-egypt.org

博物馆内的古埃及展品

　　埃及博物馆又称"法老博物馆"，坐落于尼罗河的东岸、解放广场附近，是世界最著名的博物馆之一。博物馆是一座双层石头建筑，是法国著名考古学家、"埃及博物馆之父"马里埃特于1858年在开罗北部的布拉克设计建造的。当时建造这座博物馆的目的是为了阻止发掘出来的埃及国宝流往国外。博物馆现有藏品约30万件，展出的藏品约6万件，仅仅是藏品数量的1/5。

　　博物馆分为上下两层，有100多个展厅。一层主要展示古埃及的一般文物，并按文物年代的先后划分为新王国、中王国、古王国3大部分，然后分门别类地展出。一般文物的数量庞大，种类繁多，令人惊叹。二层主要陈列珍贵的文物，文物按主题分区陈列，展品中以图坦卡蒙墓展厅最让人震惊，展品则又以人形金棺、黄金面罩、金樽室、金御座、王后金冠及其他王室用具最为著名，这些都是埃及博物馆的镇馆之宝。图坦卡蒙金棺是用约200千克纯金制成的，是人类历史上最精致、最伟大的黄金制品。黄金面罩是用金板依照国王生前容貌打造，上面镶满红宝石。面罩的额上还塑有象征上下埃及统治者的兀鹰和眼镜蛇。这些光辉灿烂的黄金制品，是古埃及丰富财产和法老巨大权力

◉ 埃及博物馆前缩小版的狮身人面像

的充分体现。二层的木乃伊陈列室也是不容错过的。展室里安放有20余具古埃及历代法老及其后妃们的木乃伊。在存放木乃伊的人形棺木的盖上和内部，都绘有死者的守护神或经文。如阿斯特姆卡布的彩色木棺棺盖，高205厘米，眼睛、眉毛用珐琅镶嵌，给人以雍容华贵之感。埃及博物馆存放的木乃伊，有的已有3 500多年的历史，但仍保存完好，有的还可以清楚地看到头发和脚趾甲。

博物馆除了展出古埃及的文物，还有来自欧洲地区特别是古希腊罗马的雕塑、绘画、金银制品、珠宝、石碑、草纸文书等，馆藏之丰富，无愧于它世界著名博物馆的美誉。

温馨提示

❶ 开放时间为 9:00-19:00。
❷ 票价为 160 埃及镑，木乃伊展馆 150 埃及镑。

非洲最著名的博物馆之一，馆藏迄今为止世界上最完整的人类化石。

肯尼亚国家博物馆

丰富又神秘的东非人文历史风貌

 关键词：肯尼亚文化、图尔卡纳男孩、友好交往

国别：肯尼亚

位置：内罗毕市中心

官网：www.nuseums.or.ke

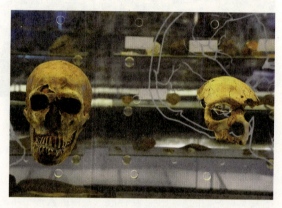

博物馆内展出的古人类头骨

非洲是孕育地球生命的摇篮之一，野生动物种类繁多，数目庞大；而肯尼亚又是人类的发源地之一，境内曾出土了约250万年前的人类头盖骨化石。肯尼亚国家博物馆就是展现东部非洲考古、生物、地质等研究成果的博物馆，是肯尼亚文化和传统最好的陈列者和讲述者。

博物馆是由东非自然历史协会在1910年发起修建的，并于20世纪60年代进行了扩建。除了总部内罗毕展馆，还下设16个地区博物馆和几处历史遗迹陈列馆。博物馆的宗旨是收集非洲的历史文献、文物，研究并展示古今文化和自然遗产，增强人类对文化自然遗产的了解、鉴赏力、保护意识及管理应用能力。

位于肯尼亚首都内罗毕的展馆现设有自然历史展厅、肯尼亚文化展厅、肯尼亚装饰艺术展厅等，陈列有人类、鸟类、海洋生物起源和地质演变等展品以及古代的地图和绘画等，其展品生动、馆内气氛鲜活，藏品融自然和人文于一身，无怪乎博物馆工作人员称博物馆是"融自然、文化和历史于一体的大收藏室"。肯尼亚作为人类的发源地之一，研究人类的起源和发展是博物馆的重任之一，所以馆内藏品涵盖了各个不同时期的古猿、能人、直立人和

博物馆外的海龟雕塑

智人的头盖骨；还有距今160万年的古人类化石——"图尔卡纳男孩"，这是世界上迄今为止最完整的人类化石。"图尔卡纳男孩"于1984年被古人类学家理查德·利基和他的考古团队挖掘和清理出来，这一具可能改变人类起源的古人类化石后来成为肯尼亚博物馆的镇馆之宝。以上化石都证明了非洲是人类的起源地之一。馆内还有著名的肯尼亚平脸人，它证明了人类进化的复杂性和多样性，为博物馆研究人种的变化提供了新的资料。藏品中引人注目的还有200万年前的巨象化石、一幅距今约2.9万年的壁画、900多种鸟类标本，其中有体重约160千克、高达3米的鸵鸟和飞行旅程达2.1万千米的燕子。此外，博物馆又从肯尼亚的历史、民族风俗、装饰艺术等多个方面向世界展示了其独特的历史人文风貌，非常值得一提的是展厅中有一棵高达6米的"葫芦树"，"葫芦树"上挂满了各种形状、不同功能的葫芦，它代表的是肯尼亚独特的民族文化。

博物馆内还设有一个特别的展览，展品是中国的青花瓷盘、瓷瓶和茶具等，它们在肯尼亚沿海省份出土。这些来自遥远中国的文物印证了历史上肯尼亚和中国友好交往的史实。

温馨提示

❶ 开放时间为 8:30-17:30。
❷ 持有工作签证或驾照可免费参观，其他人须购票。
❸ 馆内不允许拍照。
❹ 馆内服务区有餐厅和商店。

第九章 其他国家的古老故事

092

葡萄牙航海博物馆

航海是葡萄牙人最骄傲的事业

关键词：大航海时代、灵魂
人物

国别：葡萄牙

位置：里斯本贝伦区巴西利
亚大道

官网：museu.marinha.pt

⬥ 航海博物馆旁的热罗尼莫斯修道院

　　15世纪末新航路的开辟将葡萄牙推向了世界舞台的中心，原本偏安一隅的海洋小国摇身一变成了欧洲最富有的国家之一。葡萄牙人的民族自尊和自信得到了极大的满足，小渔村里斯本也因此成了世界海上冒险活动的中心。为了纪念曾经改变葡萄牙和世界命运的大航海时代，葡萄牙人花了上百年的时间打造了一座深受世人欢迎的航海博物馆来纪念曾经带给葡萄牙荣耀与财富的海事活动。

　　航海博物馆位于里斯本贝伦区热罗尼莫斯修道院的西侧，主要讲述葡萄牙的航海历史。热爱航海事业的葡萄牙国王路易斯一世从1863年就开始收集与葡萄牙航海历史相关的种种物品，100年后即1963年博物馆才最终建成。博物馆的藏品大致可分为航海历史绘画、航海船只及模型、冷热兵器、航海地图、钟表、来自中国的罗盘针和瓷器、地球仪、航海家塑像、船锚、铁索等，其中航海船只（包括船只模型）数量特别多，充分展示了海洋国家葡萄牙造船业的发达，也正是因为葡萄牙的造船业发达，才使得葡萄牙的远航成为可能并开启一个属于葡萄牙的大航海时代。馆内冷热兵器的数量也不在少数，从长剑、头盔到各式火炮，毫不掩饰地展示了葡萄牙海上殖民的残酷性：葡萄牙因航海带来的一切财富与荣光无不是建立在被殖民地区人民的牺牲和痛苦之上的。但有一点不

⑥ 博物馆大气古朴的设计风格深受欢迎

能否认，葡萄牙开启的大航海时代促进了国家和地区、大洲和大洲之间的频繁交流，人类历史终于翻开了新的一页。

在博物馆的不远处，有一座纪念葡萄牙大航海时代的第一位英雄亨利王子（恩里克王子）逝世500周年的纪念碑，碑上写着："献给恩里克王子以及所有发现航海之路的人们。"作为开启葡萄牙航海事业的"航海者"，亨利王子当然也是航海博物馆最不能或缺的灵魂人物。

温馨提示

❶ 开放时间为 10 月 1 日至次年 3 月 31 日 10:00-17:00，4 月 1 日至 9 月 30 日 10:00-18:00，1 月 1 日、复活节、5 月 1 日、12 月 25 日闭馆。

❷ 票价为 6.5 欧元，65 岁以上、学生、12~18 岁青少年 3.2 欧元，12 岁以下免票，每月第一个周日、5 月 20 日葡萄牙航海日免费。

093

葡萄牙国家马车博物馆

欧洲近代宫廷生活的侧面

 关键词：财富、豪华瑰丽、马车

国别：葡萄牙

位置：里斯本总统府贝伦宫大门东侧

官网：www.museudoscoches.pt

🔴 博物馆内装饰豪华的马车

　　大航海时代的到来给葡萄牙带来了强盛和财富。当大量金银财富源源不断地流进葡萄牙，皇室和贵族的生活也日益奢侈。葡萄牙国家马车博物馆中陈列的48架豪华瑰丽的马车便是最好的证明。

　　国家马车博物馆现有新旧两个馆，旧馆位于里斯本总统府贝伦宫大门东侧，新馆就在旧馆的马路对面。旧馆展出7架马车，新馆则展出41架马车。马车全都是16—19世纪以来葡萄牙皇室和贵族的专用马车。除此之外，博物馆还展出各式骑士制服、马具、用于马术比赛的器具以及葡萄牙历代国王、王后、王室名人和马车主人的油画等。

　　旧馆原本是皇家骑术学校，1902年才改成了马车博物馆。新馆是一座现代感较强的落地玻璃窗两层建筑。馆内的马车按照年代的顺序进行布展，各式马车造型各异，装饰不同，但其富丽堂皇、豪奢华贵的外表，无不让人惊叹。在一众马车中，与18世纪葡萄牙国王若昂五世相关的马车最为考究和华贵。若昂五世是依靠巴西黄金暴富的幸运儿，为了显示财富和作为全球霸主的派头，不管是他自己乘坐的马车还是送给罗马教皇的马车都精雕细琢，极尽修饰之能事。特别是赠送给罗马教皇的马车，马车后部有一巴洛克

风格的金色木雕群像，群像中间端坐的是象征里斯本的女神像，女神像的左边是为她戴上王冠的女神，右边是骑象抱花果的丰收女神。女神像的脚下有一条象征着王室的飞龙和两个被征服的、赤裸着上身的奴隶：一个是代表非洲的黑人，一个是代表亚洲的黄种人。撇开制造马车所需的巨额金钱和精湛工艺不谈，就单纯从雕刻细节透露出来的历史信息上已经足够让人窥见当年葡萄牙傲慢的心态。所以，马车之所以值得展览和参观，是因为它本身也是历史的一部分。

温馨提示

❶ 开放时间为周二至周日 10:00-18:00；周一、1 月 1 日、5 月 1 日、复活节、圣诞节闭馆。

❷ 票价为 8 欧元，皇家骑术学院 4 欧元，学生及 65 岁以上老人半价，12 岁以下免票，每月第一个周日免费；联票（国家马车博物馆 + 皇家骑术学院 10 欧元，国家马车博物馆 + 阿茹达宫 12 欧元）。

094

荷兰阿姆斯特丹国立博物馆

"海上马车夫"的称号

关键词：海上马车夫、黄金时代、伦勃朗
国别：荷兰

位置：阿姆斯特丹博物馆广场
官网：www.rijksmuseum.nl

◉ 欧洲最古老的博物馆之一——阿姆斯特丹国立博物馆

　　荷兰位于欧洲的西北部，是大西洋沿岸的国家。与葡萄牙、西班牙一样，它的崛起也得益于新航路的开辟。自尼德兰革命后，荷兰获得了前所未有的发展机遇，其造船业和海上贸易的发展为它赢得一个光荣的称号"海上马车夫"，17世纪因此成了荷兰的"黄金时代"。经济的发展带动了文化艺术的繁荣，被誉为"文明的先知"的荷兰伟大画家伦勃朗就是这一时期文艺繁荣的代表人物。荷兰阿姆斯特丹国立博物馆馆藏最珍贵的就是这一时期荷兰画家的杰作。

　　阿姆斯特丹国立博物馆位于阿姆斯特丹博物馆广场，其前身是荷兰王室在1800年设立于海牙的皇家艺术展览室，当前的博物馆则是1885年建造的新哥特式风格建筑。博物馆现有馆藏超过10万件，其中以17世纪"黄金时代"的荷兰绘画最为著名。博物馆共4层，展厅按照时间顺序一一排开，有中世纪及文艺复兴时期的展馆，有17—20世纪的展馆，还有特别展览和亚洲展厅。地下展厅主要陈列中世纪的宗教艺术品。一层展厅主要陈列荷兰18世纪、19世纪的艺术作品。二层是博物馆的重点收藏和陈列，伦勃朗的《夜巡》《犹太新娘》《工商布会的稽查官》《自画像》，荷兰最伟大的画家之一维米尔的《倒牛奶的女仆》《小街》《阅读信件的女人》，荷兰重要的肖像画家哈尔斯的《结婚肖像画》《快乐的酒徒》，荷兰聋哑画家阿威坎普的《冬景》等都是著名的画作，许多还是镇馆之宝。三层主要展出荷兰和其他国家20世纪的艺术作品。亚洲馆还陈列了来自中国的瓷器、来自日本的屏风和刀剑、来自印度尼西亚的湿婆神铜像等，这些都是极具艺术历史价值的珍贵藏品。除了陈列艺术品，馆内还设有"荷兰历史部"来介绍荷兰海外贸易的历史，展示了17世纪的荷兰纵横全球的赫赫威风。

　　一座博物馆其实就是国家的一面镜子，镜子里映射出来的是国家的前尘往事。所以，参观阿姆斯特丹国立博物馆，荷兰的曾经也就尽收眼底了。

温馨提示

❶ 开放时间为9:00-17:00，12月25日延长至18:00，1月1日闭馆。

❷ 票价为20欧元，18岁及以下免费。

095

荷兰凡·高美术馆

人道主义的艺术绽放

凡·高从来没有放弃他的信念：艺术应当关心现实的问题，探索如何唤醒良知，改造世界。这就是艺术家值得世人永世铭记的原因。

关键词：后印象主义、《吃土豆的人》、《麦田与收割者》

国别：荷兰

位置：阿姆斯特丹博物馆广场附近

官网：www.vangoghmuseum.nl

博物馆内部空间

作为19世纪最伟大的画家之一，后印象主义的先驱，凡·高深深影响了19世纪和20世纪的艺术创作，在西方艺术史上有着举足轻重的地位。在2014年票选最伟大的荷兰人中，凡·高排名第十，这是后人对这位艺术家和他的艺术价值的认可。凡·高一生创作颇丰，画作被欧美各大著名博物馆争相收藏，荷兰凡·高美术馆就收藏了凡·高的很多绘画作品。

凡·高美术馆位于阿姆斯特丹博物馆广场附近，分旧馆和新馆两部分。旧馆于1973年建成并对外开放，新馆于1999年建成，主要用于临时性展览。旧馆主要分层展出凡·高的200多幅油画、数百件素描、4个速写本和绝大部分的书信。此外，凡·高和他弟弟收藏的一些画作也在馆内同时展出，如高更的画作。

在一众馆藏中，有许多作品是特别值得欣赏的，如《吃土豆的人》，这是画家在接触印象画派前最主要的作品，画作的画面一如画家自己所陈述的："我想强调，这些在灯下吃土豆的人，就是用他们这双伸向盘子的手挖掘土地的。因此，这幅作品描述的是体力劳动者，以及他们怎样老老实实地挣得自己的食物。"画家的人文情怀不言而

喻，更是画作的灵魂。还有《麦田与收割者》，这是画家在法国一家精神病疗养院里创作的，画作的画面明黄、热烈，但又压抑得让人窒息，收割者在孤独地劳作和不懈地坚持，这和画家创作时的精神状态与内心世界无疑是吻合的。其他的画作如《收获景象》系列、《海边渔船》、《麦田里的乌鸦》等都是凡·高的代表作，特别是《麦田里的乌鸦》，作品创作于画家自杀前的最后一个月，是画家在生死边缘挣扎时的内心写照。

画家的一生非常短暂，仅有37个春秋，但他留给世界的却是最富有灵魂的艺术作品，即便是他在深受精神病折磨的时候，他依然坚持着一个艺术家应该秉持的人道主义，这就是凡·高的魅力所在。

温馨提示

❶ 开放时间为 9:00-17:00，周五延长至 22:00，关门前半小时停止入馆。不同季节有所调整，建议留意官网信息。

❷ 票价为 19 欧元，18 岁以下免费（须提供有效证件）。

❸ 有中文解说器可供租借。

第九章　其他国家的古老故事

245

096

瑞士国家博物馆

欧洲数千年文明史的宏伟画卷

关键词： 血脉和渊源、骑士文化、复古城堡

国别： 瑞士

位置： 苏黎世车站北侧

官网： www.nationalmuseum.ch

⑤ 传统的瑞士牛铃

人称"欧洲屋脊"的瑞士不仅拥有世界公园的美誉，更是富裕、发达的代名词，一提起它，自然会想起瑞士军刀、瑞士钟表、奶酪、巧克力、阿尔卑斯山脉的少女峰等，但瑞士拥有的远不止这些，如果想要深入了解被联合国评为"全球十大最幸福国家"之一的瑞士，就不妨走进具有2 000多年历史、人称瑞士第一大城市，也是瑞士最重要的文化城市苏黎世，走进位于苏黎世市区的瑞士国家博物馆。

建筑外观如同城堡的瑞士国家博物馆是瑞士著名的综合性博物馆，是根据瑞士联邦政府1890年的决议，于1898年6月25日创建的。该馆主要收藏自新石器时代至现代的有关瑞士的历史和文化，是瑞士历史文化的血脉和渊源。近年来，瑞士国家博物馆进行了扩建和改造，使得博物馆兼具时代风采和厚重的文化沉淀。

博物馆陈列室众多，馆藏约100万件，按照文物产生的年代依次展出，如石器时代、罗马时代、中古时代、近代等，游客可以根据博物馆的陈列将这欧洲一隅的数千年历史一一浏览完毕。博物馆的藏品庞杂多样，数量巨大，包括武器、服饰、工艺制品、雕刻、绘画作品、印章、钱币、家具、钟表、农用工具、乐器、玩具、室内装饰品等，从

军事到农业生产，从艺术活动到手工制作，从世俗生活到宗教仪礼，从古至今，从大到小，一一呈现瑞士曾经拥有的岁月和生活在瑞士土地上的族群曾为之努力的印记。博物馆将以上藏品分成不同的主题展出，如历史展、画廊、瑞士家居展和中世纪骑士文化展，游客可以根据自己的兴趣挑选参观的主题。如果对中世纪的骑士文化感兴趣，自然不能放过骑士文化展，毕竟，骑士作为欧洲历史上的一个特殊阶层，对欧洲历史产生过重大影响，展室中的兵器、旗帜、军装等都是骑士集团留给后人缅怀的痕迹；如果对瑞士表感兴趣，博物馆的系列瑞士表展绝对不容错过；如果对瑞士的移民史感兴趣，那么移民主题展览是值得驻足的；如果对服饰等感兴趣，从古老到新潮的服饰也定然能让人大开眼界……一馆之内，纵观数千年，横跨阿尔卑斯山脉，浓浓的瑞士风情难以言表。

博物馆的建筑也颇有特色，灰色的复古城堡呈现出浓浓的历史感，与博物馆的主旨暗合。陈列室和大厅也被装饰成15—18世纪的风格，穿梭在馆内，如同徜徉在欧洲的时空隧道里，别有一番滋味。

温馨提示

❶ 开放时间为周二至周日 10:00-17:00（其中周四 10:00-19:00），周一闭馆。
❷ 票价为 10 瑞士法郎，老人和学生 8 瑞士法郎，16 岁以下免费。

097

瑞士交通博物馆

欧洲最具代表性的交通博物馆

关键词：大型公园式博物馆

国别：瑞士

位置：琉森湖畔

官网：www.verkehrshaus.ch

● 博物馆造型犹如集装箱一般

在瑞士最美丽、最理想的旅游城市琉森，有一座欧洲最大的交通博物馆，它的存在见证了人类交通从低级到高级、从传统到现代的发展历程。

创建于1959年的博物馆位于碧波荡漾的琉森湖湖畔，是一座分室内展室和户外展示区的大型公园式博物馆。博物馆现有7 000件文物和15万件历史资料，分不同的主题在占地2万平方米的馆内展出。

馆内的历史文献资料和实物记录了欧洲交通发展的历史，从陆路到海路，再到"天路"，系统介绍了不同时期、不同交通工具和欧洲交通基础设施的发展，甚至连太空的交通也有所涉及。馆内的实物展出很吸引人，3 000年前的独木桥、不同时期的船、中世纪的马车、工业革命时期发明的蒸汽机车、登山火车、第二次工业革命时期发明的汽车和飞机等，直观生动地展示在人们面前，它们的存在对人类的意义一目了然。

博物馆在2008年扩建升级后增加了许多可以互动的环节和项目，其中比较有趣的环节有古董汽车大舞台、模拟景观列车驾驶、划船比赛、驾驶测试、汽车撞击试验、战斗机模拟舱、模拟滑翔机、机车维修等，特别适合亲子活动。户外展示区还设置有可供

❻ 博物馆内陈列的火车头展品

儿童学习交通法规和筑路工程知识方面的项目。

　　博物馆是分不同主题展出的，如轮船馆、火车馆、汽车馆和飞机馆等，游客可以根据自己的兴趣有侧重点地游览。馆内值得注意的还有一颗人造卫星，这是一颗20世纪90年代由西欧数国和联合国合作发射并安全返回地球的人造卫星。

温馨提示

❶ 开放时间为夏季 10:00-18:00，冬季 10:00-17:00。
❷ 票价为 32 瑞士法郎，6~16 岁 11 瑞士法郎，6 岁以下免费；另有一些收费项目。

098

奥地利维也纳艺术史博物馆

哈布斯堡王朝的余晖

维也纳艺术史博物馆由两部分构成：一是馆内收藏的古典艺术珍品；二是代表着欧洲最高水平的建筑，尤其是建筑物内部的精美装饰令人赞叹。

关键词：哈布斯堡王朝、享誉世界

国别：奥地利

位置：维也纳环城大道中心玛利亚·特里西亚广场

官网：www.khm.at

◐ 馆内展示的造型生动的艺术品

哈布斯堡王朝是欧洲历史上最重要、影响力最大、统治地域最广的王室，前后统治欧洲长达7个世纪之久，是欧洲最具势力的王室家族。维也纳艺术史博物馆珍藏着哈布斯堡王朝数百年来收集的欧洲艺术珍品，以反映欧洲美术史的系列藏品享誉世界。所以，走进维也纳艺术史博物馆，就是走进了哈布斯堡王朝的荣光里。

维也纳艺术史博物馆是哈布斯堡王朝的嫡系传人弗兰茨·约瑟夫一世当政时期创建的代表性公共建筑，于1891年竣工。博物馆有着文艺复兴时期的壮丽外观，采用大理石、灰泥纹饰、金箔等巧妙地进行内部装饰，使得博物馆建筑本身就成为19世纪最引人注目的建筑杰作。

博物馆现有馆藏数十万件，大致分为埃及和东方、古典艺术、绘画、雕塑和装饰艺术、纪念章和货币等5个部分展出。其中绘画部分最为精美和齐全，是哈布斯堡王朝从长期统治的欧洲各国搜集而来的，在世界各大艺术博物馆中名列前茅。其他的藏品主要是古埃及、古希腊和古罗马时期至18世纪的雕塑作品、各种工艺品和钱币等。

馆藏的著名绘画作品即博物馆的镇馆之宝有人称"欧洲美术史上的第一位农民画

家"勃鲁盖尔的作品,如《巴别塔》《雪中猎人》《农民婚礼》等。《巴别塔》构图宏大,画工细腻,画家在这一幅圣经寓意画中表现了"天意"与人在改造世界时的不可调和性,充满了悲剧感。这是一幅不论是画工还是思想都达到了极高水平的画作。

其他的藏品如铜镀金银嵌珐琅《盖杯》、15世纪初的木雕涂彩《基督审判世界像》、银镀金《祭坛》、意大利雕塑家本韦努托·切利尼的作品《萨列拉》、铜镀金《个人用台式计算器》、自动行走机器人《黛安娜与人首马身神兽》等,个个精美绝伦,巧夺天工。

温馨提示

❶ 开放时间为6月至8月10:00-18:00,其中周四为10:00-21:00;9月至次年5月周二至周日为10:00-18:00,其中周四为10:00-21:00,周一闭馆。

❷ 票价为16欧元/人,持有"维也纳"卡为15欧元/人,19岁以下青少年免费;参观者生日当天持有效证件免费参观;租用英语语音导览器每人5欧元。

099

梵蒂冈博物馆

耶和华仆人之家

梵蒂冈是世界上面积最小的国家，却拥有欧洲最值得参观的三大博物馆之一，拥有无数充满人类智慧的杰作。

关键词：《尼罗河》、西斯廷教堂、螺旋式楼梯

国别：梵蒂冈

位置：圣彼得教堂北面

官网：mv.vatican.va

◎ 梵蒂冈博物馆著名的螺旋式楼梯

　　梵蒂冈博物馆位于罗马市中心的天主教国家梵蒂冈，是世界上面积最小的国家的博物馆，但博物馆的总面积达5.5万平方米，拥有多个陈列馆和5条艺术长廊，展示路线长达6 000米，汇集了希腊、罗马的古代遗物以及文艺复兴时期的艺术精华，且大都是无价之宝。

　　博物馆原本是教皇的宫殿，后来改造成国家博物馆以收藏艺术品。博物馆的存在使得梵蒂冈这座城市中的国家散发着浓厚的艺术气息，并向世人展示了梵蒂冈深厚的文化底蕴。

　　进入博物馆，首先游览的是具有16世纪欧洲景观庭院风格的松果庭院，庭院的名称来源于在万神庙附近发现的高达4米的巨大青铜松果，青铜松果于17世纪初迁入博物馆，于是就有了举世闻名的松果庭院。庭院中央有著名的雕刻家阿纳尔多·波莫多罗的作品《破碎的地球》，这是著名的警世艺术品：如果环境污染和人口增长失控，地球将千疮百孔，人类也必然自食其果。庭院的右侧是希腊罗马雕刻艺术馆，《尼罗河》是该馆最大的雕像。过了希腊罗马雕刻艺术馆，可以转入雕像展区八角庭院，这里展出了镇馆之宝《拉奥孔》和《阿波罗》。如果对文艺复兴时期的美术作品兴趣浓厚，一定不能错过

拉斐尔展室。拉斐尔展室原本是教皇的寝室，寝室用美轮美奂的壁画装饰，其中就有著名的《雅典学院》。《雅典学院》以古希腊哲学家柏拉图所建的雅典学院为题材，画面开阔，建筑雄伟，人物众多，气氛热烈，色调隆重，环境神圣，这无疑是画家对人类理想居所的追求，寄托着画家对未来的美好憧憬。当然，整个博物馆最让人热血澎湃的无疑是西斯廷教堂。米开朗琪罗的《创世纪》和《最后的审判》就在教堂的天花板上。《创世纪》的创作源泉是《圣经》，画作由"上帝的创造""人间的堕落""不应有的牺牲" 3个部分组成，场面恢宏大气，神情、姿势各异的人物多达几百个，气势磅礴，这幅画作耗费了画家4年多的时间，是画家杰出的代表作。《最后的审判》是一幅巨型祭台圣像画，一样取材于《圣经》，绘制的人物也多达400多个，由米开朗琪罗独立完成。

看过了千年古物青铜松果、雕刻、木乃伊、挂毯、壁画，最后可以到1932年设计的螺旋式楼梯上走一走，亲身体验一下。游览梵蒂冈博物馆，体力得足、眼力得好，否则，将会错过很多。

温馨提示

● 开放时间为周一至周六 9:00-18:00，每个月最后一个周日 9:00-14:00。1月1日、1月6日、2月11日、3月19日、复活节和周一、5月1日、耶稣升天节、圣体日、6月29日、8月15日、11月1日、12月8日、12月25日、12月26日闭馆。

● 票价为 17 欧元，6~18岁、25岁以下学生 8 欧元，6岁以下儿童免费，9月27日世界旅游日、每月最后一个周日免费，持票可同时参观梵蒂冈博物馆内的西斯廷教堂；提前在官网预订门票可免排队，预订费为每张 4 欧元。

● 衣冠不整者不允许入内。

100

希腊雅典国家考古博物馆

遥远的古希腊文化

馆藏均是重量级的文物，奠定了雅典国家考古博物馆在世界博物馆中的重要地位。

关键词：希腊最大、馆藏最丰富、希腊文明史

国别：希腊

位置：雅典欧摩尼亚广场沿Patission街往北走约10分钟

官网：www.namuseum.gr

🔴 博物馆内部景观

　　雅典国家考古博物馆是希腊最大也是馆藏最丰富的博物馆。博物馆始建于1866年，于1889年完工，至今已有130多年的历史。

　　博物馆的馆藏文物约有2万件，分50间陈列室展出。藏品主要依照类别进行陈列，如史前文化、雕塑、小型陶器、青铜器、埃及艺术等，全面展示了古希腊的古老文明和博大精深的文化。

　　身处琳琅满目的藏品中间，往往会觉得眼花缭乱，但珍贵文物是会用它独特的魅力"说话"的，如阿伽门农黄金面具，壁画《迈锡尼女神》《竖琴师》《拳击的小男孩》《底比隆陶罐》《马背上的少年》，阿佛洛狄忒雕像等。阿伽门农黄金面具是《荷马史诗》所描写的特洛伊战争中斯巴达主帅阿伽门农的随葬品，它精巧无比，表情栩栩如生，面具上的络腮胡子尤其吸引人的目光。出土于19世纪下半叶的阿伽门农黄金面具大约打造于公元前16世纪，是迈锡尼文明的绝佳证明。公元前的壁画《迈锡尼女神》是镇馆之宝，其色泽鲜艳，人物俊美丰润，线条流畅，让人叹为观止。大理石质地的《竖琴师》体现了西方艺术家对自由的崇尚和向往。《拳击的小男孩》也是馆藏中的佼佼者，来自庞贝古城，应该是庞贝古城居室中的装饰画。壁画很残破，但它是废墟的残存艺术品，其历史价

值和文化价值可以说是无价的。《底比隆陶罐》高达130厘米，造型虽然简洁，却非常富有装饰性，陶罐表面上的马车、武士等都赋予陶罐以时代的风貌和艺术价值，它可能是古希腊丧葬文化的体现。《马背上的少年》也是镇馆之宝，其马匹之矫健、男孩神态之逼真，全用线条栩栩如生地勾勒了出来，目光凝注在马匹和少年身上的那一刻，宛若耳边有风呼啸而过。阿佛洛狄忒式雕像塑造的是古希腊神话中爱与美的女神的形象，雕像肌肤光洁，线条流畅，肌体丰润光泽，其优雅迷人让人见而忘俗……馆内还有大量的雕像，让人惊叹希腊艺术之精美。其他的藏品如酒具、乐器等，都是时代的产物，代表了一个时代的精神面貌和审美水准。

　　博物馆是希腊文明史的具体展现，走进了博物馆就是走进了希腊的历史。所以，有了它的存在，遥远的古希腊便不再遥远了。

温馨提示

❶ 开放时间每年略有不同，可留意官网网站。

❷ 票价为10欧元，18岁以下免费（须出示有效证件）；免费开放日为3月6日、4月18日、5月18日、6月5日、9月的最后一个周末、10月28日及11月1日至次年3月31日期间每月的第一个周日。

第九章　其他国家的古老故事